Helene Rahms · Auf dünnem Eis

Helene Rahms

# Auf dünnem Eis

Meine Kindheit
in den zwanziger
Jahren

Scherz

# Inhalt

# Das grüne Hütchen

Der Hintergrund der Fotografie ist milchig grau, nach dem oberen Rand zu, wo der Himmel hereinhängt, trüb ins Weiße verwischt. Es muß geregnet haben. Die Stange eines Gitters, quer durch das Bild, glänzt schwarz. Ich spürte die Feuchtigkeit unter meinen Schuhsohlen. Sie hatten mich aufgestellt, mit dem Rücken zum Gitter, und hatten gesagt: «Nun steh mal still und gerade. Und die Füße nebeneinander. So. Ja, so.»

Hinter dem Gitter war ein Abgrund. Kein richtiger Abgrund. Aber für ein Kind, das mit dem Rücken fühlt und gegen ein Gitter gestellt ist, doch ein Abgrund: ein Bassin mit trübem Wasser gefüllt. Aus dem Wasser ragte ein Felsen aus Zement. Darauf gingen Eisbären ruhelos hin und her, immer das gleiche Stück bis auf die Spitze der Zementinsel, dann rückwärts bis an ihren Rand und wieder von neuem voran. Sie schwenkten den Kopf nach links und rechts; manchmal blieb einer stehen, hob die Schnauze und schnupperte, als wittere er im hitzigen Gemisch der Zoogerüche den Schnee seiner Heimat. Dann senkte er den Kopf und nahm seinen ruhelosen Trab wieder auf.

7

Schmutzig war das Fell der Bären, vom schlammigen Wasser. Einer ist auf dem Foto dicht neben meinem Gesicht zu sehen. Ich war blaß, und ich trug ein rundes Hütchen, und ich sollte lachen. Aber ich hatte Angst vor dem Wasser und Mitleid mit den Bären, die in Kälte und Nässe eingesperrt waren und sich mit den Tatzen über die Augen fuhren. Ich hatte ein Handtuch verlangt, um es den Eisbären hinunterzuwerfen, damit sie sich die Augen trocknen könnten. Die Leute lachten, und die Eltern schämten sich, weil ich schrie und mit den Füßen stampfte. Sie hatten versucht, mich mit Himbeerbonbons zu beruhigen. Aber der Rest eines Bonbons blieb am Gaumen kleben. Die Beruhigung war nicht gelungen. Auf dem Bild ist der Mund weinerlich verzogen. Dabei hatte es ein besonders schönes Bild werden sollen: ich, vor dem Bärenzwinger, mit meinem Hütchen.

Das Hütchen war aus grünem Leder, die Krempe über der Stirn hochgeschlagen wie bei einem Südwester, und an der Seite hing eine Franse aus braunen und gelben Riemchen bis auf die Schulter. Das Hütchen war teuer, das wußte ich. Zwanzig Mark hatten die Eltern dafür bezahlt bei Sauer, im feinsten Geschäft Kölns. Und der Kauf war eine Niederlage für meine Mutter gewesen. Ich ahnte, daß sie stets daran erinnert wurde, wenn ich das grüne Hütchen trug. «Jetzt wirst du einmal vornehm eingekleidet», hatte der Vater gesagt, und wir gingen die Treppe hinauf zur Kinderetage. Er, der Vater, ich an seiner Hand und hinterher die Mutter. Sie kam immer hinterher. Sie hatte rote Flecken auf den Backen, dicht unter den Augen, und die Lippen waren schmal gepreßt. Sie hatte nicht in dieses feine Geschäft auf der Hohen Straße gehen wollen.

«Nein, Karl, nein». Doch ihr Protest klang schwach, als der Vater vor den hohen Spiegelscheiben stehenblieb. «Man wird doch mal sehen dürfen», hatte er geantwortet und war Sekunden später mit mir in die Passage eingetreten, wo der Eingang lag. Ich sah die roten Flecken im Gesicht meiner Mutter. Dann aber schaute ich schnell weg und runter auf den Samtteppich, über den wir gingen. Ein hageres Fräulein mit grauem Haar und goldgerahmtem Kneifer brachte Kindermäntel zur Auswahl. Einen schwarz-weiß karierten, einen dunkelblauen, den fand der Vater besonders vornehm. Alles, was dunkelblau war, fand er vornehm. Und einen braunen mit Pelerine über den Ärmeln und weißen Perlmuttknöpfen. Die Pelerinenärmel kamen mir vor wie Flügel, und auch die Perlmuttknöpfe gefielen mir. Das Fräulein schob mich vor einen Spiegel, den man vor- und zurückkippen konnte. Da sah ich mich, ein kleines Mädchen im ovalen Rahmen mit Flügelärmeln und weißen Knöpfen am Mantel. Er war der teuerste von den dreien.

Das Fräulein nickte dem Vater zu und holte rasch noch etwas aus einem Wandfach. Ein grünes Lederhütchen schwebte kurz über meinem Kopf, dann saß es drauf, ich spürte die Fransen an meinem Hals. «Steht der Kleinen ausgezeichnet.» Den Preis nannte das Fräulein leiser. Der Vater sah schräg zur Seite, wo meine Mutter auf einem Hocker saß, jetzt mit hochrotem Kopf. «Karl, nimm doch Vernunft an», sagte sie. Das Fräulein wartete. Da fing der Vater einen Blick von mir auf. Ich schielte nach der Franse und strich sie an meiner Backe glatt. «Packen Sie es mit ein», sagte er.

Die Kasse war aus silbrigem Gußmetall. Flache Ranken waren darin eingegossen, schräg wuchernd wie Schlingpflanzen, die sich in einer Strömung neigen. Ich reichte mit meinen Fingern gerade an den untersten Teil und fuhr den erhabenen Linien nach, so hoch ich konnte. Der Untergrund war körnig und prickelte unter den Fingerkuppen, ich geriet in einen träumerischen Zustand, der immer nur kurz, wie von einem kleinen elektrischen Schlag unterbrochen wurde, wenn die Schublade der Kasse mit hellem Klingeln herausfuhr. Hütchen und Mantel waren vergessen.

«Träum nicht, Kind.» Die Stimme der Mutter, rauh und gepreßt, war über mir. Daß es ihre Hand war, die meine packte, spürte ich an der rissigen Haut auf der Innenseite ihres Daumens. Sie war aufgeplatzt. Die Mutter vertrug keine Seifenlauge an den Händen.

Früher war eine Waschfrau gekommen. Alle vier Wochen, donnerstags. Sie war klein und sehr, sehr dick, und schon auf der Treppe hörten wir sie schnaufen. Der Schweiß rollte in Tropfen von ihrer Stirn, und ihr Gesicht war wie von innen hellrot erleuchtet. Sie war herzkrank, das hatte ich aufgeschnappt. Sie hatte es allen Frauen in der Nachbarschaft erzählt, für die sie wusch. Ihr Sohn, ihr einziger, studierte; Arzt sollte er werden.

Ich stand oft bei ihr in der offenen Tür der Waschküche, die Dampfschwaden hüllten uns beide ein. Es roch nach Seife und Schweiß.

«Warum bist du so dick?» fragte ich.

«Ach, Kind, das kommt von den Drüsen.»

An einem Donnerstag im Hochsommer kam sie nicht mehr, und am Ende des Winters sagten die Frauen der

Nachbarschaft: «Haben Sie's schon gehört? Die dicke Frau Post ist gestorben!»

Wir hatten keine Waschfrau mehr. «Wir könnten das Geld sparen», sagte die Mutter. Der Vater widersprach nicht. «Ich helf dir auch», sagte er. Es gab jetzt eine Waschmaschine für das ganze vierstöckige Haus, einen Holzbottich, rund wie ein Faß, mit Eisenreifen beschlagen. An der Innenseite des Deckels war ein Schaufelrad angeschraubt, das drehte sich und schlug die Seifenlauge zu Schaum. Dazu mußte eine Stange, die aus dem Bottich herausragte, hin und her bewegt werden wie ein Ruder. Der Vater besorgte das Rudern, wenn wir große Wäsche hatten. Aber dann kam er immer später heim am Abend des Waschtags, und die Mutter wollte nicht warten, und weil ihr das Schlagen mit dem Ruder zu schwer war, wusch sie alles mit der Hand auf dem Waschbrett. Davon hatte sie, eine Woche lang, rissige Hände.

«Ich kann nichts dran ändern», seufzte der Vater. Er blieb jetzt stundenlang in seinem Zimmer sitzen, das wir «Herrenzimmer» nannten. Es hatte persisch gemusterte Tapeten. Ein Bücherschrank stand drin mit grünseidenen Gardinen hinter den Scheiben, und über einem breiten, immer aufgeräumten Schreibtisch schwebte ein ausgestopfter Habicht mit gespreizten Flügeln und Glasaugen. Ein leichter Geruch von Kampfer strömte aus seinem Gefieder.

Im Clubsessel, tief eingesunken, saß der Vater und rauchte. Wenn die Dämmerung kam, schaltete er kein Licht ein; er sah dem Rauch nach, den er in langen Zügen aus seiner Zigarre zog, sah, wie die Kringel zu Schleiern zerflossen, wie sie hin und her schwankten und als bläuliche Schicht noch lange im halbdunklen Zimmer schwebten. Wenn die Mutter hereinkam, machte sie kein Licht. Sie sagte nur leise: «Karl.» Sie bekam keine Antwort. «Karl», sagte sie noch einmal, in rufendem Ton, «was hast du?» Die Antwort war immer die gleiche: «Laß mich in Ruh'.» Sie ging wortlos in die Küche und deckte den Tisch mit einem der älteren, geflickten Tücher, die für den Alltag bestimmt waren. Nach ein paar Minuten kam er und aß zögernd, langsam, wie geistesabwesend. Plötzlich, mit einem Ruck, wachte er auf. Irgendwas am Abendessen, das aus Brot, Butter und Wurst bestand, störte ihn. Auch ich dachte, daß unser einfaches Essen nicht zu meinem schönen Vater paßte. Sein weiches, dunkles Haar schlängelte sich halb in die Stirn, seine graublauen Augen schienen auf einen fernen Gegenstand gerichtet, den wir nicht sahen. Wenn er so am Küchentisch saß, träumerisch den schmalen Lippenbart streichelnd mit seiner blassen, stark geäderten Hand – am kleinen Finger saß ein blitzender Brillant in breiter Goldfassung –, dann sah ich andächtig zu ihm auf und hatte Angst, daß die Mutter ihn ärgern würde. Aber sie hatte wieder ihr rot erregtes Gesicht, und ihre Fragen waren unabwendbar.

«Warum ißt du so wenig? Schmeckt es dir nicht?» Ein Seufzer, halb schon ein Stöhnen, drang aus seiner Brust. Er schwieg, kaute mechanisch auf einem Stück Brot herum, dann fragte er streng: «Wo ist die Butter her? Holländische Süßrahm ist das nicht.»

«Nein», antwortete die Mutter, «ganz frische Landbutter. Kostet zwanzig Pfennig weniger.»

Was jetzt kam, wußte ich im voraus. Der Vater wurde laut. «Wie oft hab ich dir gesagt, laß die Pfennigfuchserei.

Als ob damit was zu retten wäre! Aber sie hört nicht . . .
hört nicht.» Die letzten gemurmelten Worte waren halb
an mich gerichtet, als sollte ich Zeugin sein für den hart-
näckigen Unverstand der Mutter. Sie gab keine Antwort,
das ärgerte den Vater noch mehr. Die Nasenflügel bläh-
ten sich, und in der Mitte seiner hageren Backen erschienen Gruben, über denen die Haut bebte. Nie wäre mir
eingefallen, daß der Vater diesen Gesichtsausdruck ab-
sichtlich annahm. Ich hielt ihn für ein Naturereignis, her-
aufbeschworen durch die Unvorsicht der Mutter.

Was nun passierte, rollte ab wie ein Gewitter. Mutters
Kopf war feuerrot wie ein überheizter Backofen. Der Vater ballte die Faust auf dem Tisch, bis die Knöchel weiß
wurden. Er sprang auf und rannte durch die Küche, riß
die Tür auf, schnappte nach Luft. Der Mutter schoß das
Wasser in die Augen, sie sprach, schluckte und würgte.
«Du bist verwöhnt. Wir müssen uns nach der Decke strek-
ken, aber das habt ihr zu Haus ja nie gelernt.»

Jetzt schrie der Vater: «Fängst du schon wieder an, das
ewige Thema! Du kriegst mich noch kaputt, das wirst du
sehen.» Jedes Wort kam stockend, drohend. Er griff sich
ans Herz. «Was ich alles ertragen muß! Mit so einem
Weib verheiratet zu sein! Pack doch deinen Kram, pack
alles, zieh wieder heim. Geh doch. Geh.»

«Wenn ich nur könnte, wenn ich wüßte wohin.» Die
Mutter saß auf ihrem Bett und schluchzte. Bei dem Wort
«Weib» war sie aufgestanden, die Tür ließ sie offen hinter
sich, und zwischen Küche und Schlafzimmer flogen Be-
schimpfungen hin und her, rätselhafte Vorwürfe, die sich
auf eine Zeit bezogen, in der es mich noch nicht gab. Ver-
lobung, Krieg, Inflation, Eisenbahn, das waren Worte, die

immer wieder hochtauchten aus einer Sturzflut von Anschuldigungen, und ich merkte auch, daß die Mutter sich etwas Besseres dünkte und den Vater damit aufs Blut reizte.

Gelähmt vor Schreck und Staunen, hörte ich zu, ließ das Gewitter über mich ergehen. Dauerte es Minuten, dauerte es Stunden? Bis endlich beide schwiegen und in Posen völliger Erschöpfung verharrten. Die Mutter lehnte die Stirn auf die Kante des Ehebettes aus blankpoliertem Nußbaumholz, der Vater stand am Küchenbuffet, den rechten Ellbogen aufgestützt, das Gesicht in der Hand verborgen. Die Stille war fürchterlich, schlimmer noch als der Krach vorher. Ich wagte kaum zu atmen, hatte Angst, es ginge von neuem los, oder die beiden blieben so versteinert bis in alle Ewigkeit.

Einmal hatte ich sie durch mein fassungsloses Weinen versöhnt, und da der Streit fast allwöchentlich ähnlich ablief, lernte ich meinen Erfolg zu wiederholen – wie junge Tiere lernen, was in der Not zu tun ist. Ich lief zwischen beiden hin und her, streichelte an ihnen herum und bettelte: «Komm, Vater, sei wieder gut, Mutter hat es nicht bös gemeint. Mutter, bitte, bitte, sag doch was Liebes.» Lief hin und her, her und hin, bis sie zögernd, schrittweise aufeinander zugingen, anhielten, in neues Schluchzen, neue Klagen verfielen – aber es klang nur noch schwach, wie verebbend – und sich schließlich mit unendlich schwermütiger Miene die Hand gaben. Wenn es zu lang dauerte und die Versöhnung nicht vorankommen wollte, heulte ich wieder los, erst leise, dann lauter, so daß die Nachbarn es hörten. Da legten sich mir von beiden Seiten schwere Erwachsenenhände auf Kopf und Schultern. Wir standen zu dritt, ich im warmen Halbdunkel zwischen Vater und Mutter. Ich schluchzte noch ein paarmal kräftig auf, dann war ich sicher, jetzt würden sie mich trösten und sich nicht länger zanken.

# Frau Goepen

Heulen, mich in traurige Stimmung versetzen, hatte ich von unserem Hund gelernt. Er war tot, eingeschläfert, mit Gas. Weit weg, in einer Anstalt. Wie so was ging? «Er hat nichts gemerkt», sagte der Vater.

Gas war schlimm. Einmal hatte es süßlich gerochen in unserer Küche. «Um Gottes willen, der Gashahn!» schrie die Mutter und riß alle Fenster auf. «Hat das Kind dran gespielt?» «Kind, hast du?» «Das darfst du nie wieder tun, hörst du, nie wieder! Sonst gehst du tot.» Die Mutter kniete vor mir, hielt meine beiden Hände fest und schüttelte sie. «Nie wieder, nie wieder, hörst du.» Ich starrte sie an, nickte und erschrak über ihr entgeistertes Gesicht. «Nein, nein, ich tu's bestimmt nie wieder.»

Ein Mann im blauen Monteuranzug kam am anderen Tag. Er feilte und schraubte am Gasrohr in der Küche, legte Hanf zwischen die Gewinde, setzte einen neuen, einen blanken Hahn ein, und als er wegging, drohte er mir mit dem Zeigefinger.

Als Lumpi, der Drahthaarfox, noch lebte, ging es uns

gut. Wir hatten ein Dienstmädchen. Und die Eltern gingen regelmäßig in die Oper.

Die Oper war in meiner Vorstellung eine bunte, glutrote, goldene Zauberhöhle. Kinder hatten keinen Zutritt. Schon die Vorbereitungen zu Hause schlossen mich aus. Die Mutter steckte Perlen durch ein dünnes Loch ins Fleisch der Ohrläppchen und ondulierte ihr Haar. Der Geruch nach versengtem Papier, an dem sie die Brennschere prüfte, hing in der Wohnung. Sie zog ein Kleid aus dunkelblauer Seide an, mit Spitzen am Hals und an den Ärmeln. Die hatten die gleiche Farbe wie Buttercreme auf den Torten, die es an Geburtstagen gab. Sie zog das Kleid über ein straff geschnürtes Korsett, das sie alltags nie trug. Jetzt sah sie, um die Mitte herum, schlanker aus. Sie kam mir fremd, fast unnahbar vor.

Der Vater sprühte Eau de Cologne aus einer Kristallflasche auf sein weißes Hemd und strich sich über die streng gescheitelte Frisur und bürstete sein schwarzes Jackett einmal, zweimal und noch einmal, obwohl kein Stäubchen mehr drauf zu sehen war. Die Eltern seien ein stattliches Paar, sagten Leute im Haus. Mir gab's einen Stich, wenn sie so fein und fremd von mir fortgingen, und ich versteckte mein Gesicht halb im Kopfkissen. «Gute Nacht, Kind, schlaf schön.»

Ich versuche es. Nein, ich versuche es nicht. Ich kann nicht. Geschichten von Einbrechern gehen im Viertel um. Vaters dicker Stock mit rundem Elfenbeinkopf steht neben der Nachtkommode. Wenn man die elfenbeinerne Kugel losschraubt, kann man einen Spieß herausziehen. «Soll mir nur einer kommen», hatte er gesagt und mit dem Spieß in der Luft herumgefuchtelt, «der kommt nicht lebend wieder raus.» Ein neues Schloß war an der Tür angebracht worden, dazu eine dicke Vorlegekette und ein starker Riegel.

Es ist pechschwarz im Zimmer. Die Möbel knacken, die Zweige des Kirschbaums, der draußen vor dem Schlafzimmer steht, klopfen gegen die Scheiben. Ich horche. Habe Herzklopfen. Schwarze Kreise drehen sich vor meinen Augen, werden groß und weit, drehen sich schneller, dringen auf mich ein. Ich ziehe das Plumeau über den Kopf, schließe die Augen, werde heiß, fieberheiß, schnappe nach Luft, verberge mich wieder. Das Herzklopfen wird ärger. Die große Angst hat mich gepackt. Der Hund fängt an zu jaulen. Erst leise, dann lauter. Er liegt im Flur, vor der Korridortür. Sein Jaulen ist der Lockruf, die Erlösung für mich. Raus aus dem Bett. Auf nackten Füßen durch den dunklen kalten Flur wie durch ein finsteres Rohr. Vorbei an den grauen Schleierwesen, die nach mir grabschen.

Am Ende, an der Ecke, ist es geschafft. Beide Hände vorgestreckt, pralle ich auf den Wandschrank. Jetzt können sie mir nichts mehr anhaben, die Schleierwesen, das ist abgemacht; denn zwischen mir und ihnen herrscht eine unausgesprochene Regel. Ich muß sie einhalten, es geht um mein Leben.

Das kurze Korridorstück bis zur Wohnungstür ist breit und hell. Licht aus dem Treppenhaus fällt durch die Milchglasscheiben. Da liegt der Hund, der Kamerad, der Bruder, auf blankem Linoleum. Ich kauere neben ihm am Boden, das Nachthemd fest um mich gezurrt, lege die Arme um seinen Hals und presse mich an seinen warmen, zitternden Leib. «Sei still, Lumpi. Sei still. Sie kommen ja wieder. Sie kommen ja wieder. Bestimmt, sie kommen wieder.» Mein weinerliches Beschwörungsgemurmel beruhigt uns beide, der alte Fox schnauft und schnarcht, ich strecke mich der Länge nach neben ihm aus und schlafe ein, umhüllt vom scharfen Dunst, der aus seinem Fell steigt.

Die Eltern kamen spät. Nach der Oper hatten sie ein Weinlokal besucht. Der Vater war guter Laune und redete laut. Der Hund war aufgesprungen und hatte gewinselt. Als sie die Tür aufschlossen, fanden sie das Kind auf dem Linoleumfußboden, auf dem Bauch liegend und schlafend. Es fühlte sich ausgekühlt und klamm an.

«Daß deine Eltern auch immer so spät heimkommen.» Frau Goepen mit der rauchigen Stimme und den verquollenen, wasserblauen Augen prüfte das Bügeleisen, indem sie den Zeigefinger der rechten Hand anleckte und schnell auf die heiße Sohle des Eisens tippte. Es zischte leise. Ich sah wie gebannt zu. Daß ein Mensch so was konnte, ohne sich die Finger zu verbrennen! Auf dem Küchensofa, das mit braunem Kunstleder bezogen war, saß ich in eine Decke gepackt, im Nachthemd. Natürlich sollte ich im Bett sein und schon lange schlafen.

Die Nachtwachen mit dem Hund und das Einschlafen auf dem Linoleumboden im Korridor hatten sich wiederholt. Die Leute im Hause hatten gesagt, sie fänden es nicht richtig, ein kleines Kind nachts allein zu lassen. Frau Goepen, vom Arbeitsamt empfohlen, war gebeten worden, abends bei mir zu bleiben, bis ich fest schlief. Wenn die Mutter mit Leuten im Haus über sie sprach, nannte sie Frau Goepen «unser Dienstmädchen». Aber Frau Goepen wohnte nicht bei uns. Sie kam zum Putzen, Teppichklopfen, Waschen und Bügeln. Und sie ließ mich wieder aus dem Bett steigen – ein paar Minuten, nachdem das Klappern der Absätze meiner Mutter auf dem Marmorboden im Hausflur verhallt war. Flache, sehr süße Rahmbonbons hatte Frau Goepen in der Schürzentasche, eine Sorte, die ich von den Eltern nie bekam. «Anständige von Stollwerk kriegst du oder gar keine», sagte der Vater. Die anständigen von Stollwerk waren doppelt so dick und sehr zäh, die flachen aus Frau Goepens Tasche zerbröckelten im Mund und zerflossen zu einem süßen, klebrigen Brei, an dem man lange suckeln konnte.

Früher sei sie auch in die Oper gegangen, sagte Frau Goepen und seufzte. Sie setzte das Bügeleisen hart auf einen umgestülpten Unterteller, der einen klirrenden Ton von sich gab.

«Warum gehst du jetzt nicht mehr?»

«Weil ich kein Geld hab. Opernkarten sind teuer.»

«Und warum hast du kein Geld?»

Die großen Basedow-Augen richteten sich voll auf mich. «Kind, das verstehst du nicht.»

Das Bügeleisen fuhr in die Luft. Die Frau begann wild zu gestikulieren. «Er hat mich sitzenlassen.»

«Wer hat dich sitzenlassen?»

«Der Schweinekerl, dieser Schuft, mein Mann. Ach, Kind. Sitzenlassen, weißt du, was das heißt?»

Ich suckelte an meinem Rahmbonbon. Natürlich wußte ich's nicht. Die wasserblauen Basedow-Augen weiteten sich. «Und deshalb, deshalb muß ich mich ausbeuten lassen. Ja, ausbeuten.»

Ich zog mich unter der Decke zusammen, machte mich klein. Die rauchige Stimme wurde hell, krächzte, überschlug sich. «Ja, ausbeuten, auch von deinen Eltern.» Frau Goepen funkelte mich an. Dann versackte die Stimme. Ihre Lippen bewegten sich im tonlosen Selbstgespräch, das Bügeleisen fuhr heftig hin und her.

«Laß mich jetzt ins Bett gehen», sagte ich.

«Bitte», sagte sie. Es klang geistesabwesend, beleidigt. Ich verkroch mich tief unter mein Plumeau. Nichts hatte ich verstanden von Frau Goepens Klage. Aber «ausbeuten» mußte was Gemeines sein. Sollte ich die Eltern fragen, warum sie das machten? Alles wäre rausgekommen, die nächtlichen Sitzungen auf dem Küchensofa, die Sache mit den süßen Rahmbonbons. Ich schwieg. Schwieg auch, als sie mir Dr. Scotchs Lebertran einflößten, weil ich morgens blaß aussah und Ringe um die Augen hatte. Dr. Scotchs Lebertran schmeckte widerlich.

Eine Krawattennadel war verschwunden. Ein Brillant, «groß wie eine Erbse». Nein, nicht ganz so groß, nicht größer als eine Linse. Aber die Redensart von der Erbse ging um im Haus, in aufgeregten Gesprächen auf dem Treppenpodest. «Denken Sie doch, die Krawattennadel, die mein Mann nur zur Oper trägt.» Frau Goepen kam nicht mehr, seit einer Woche. «Doch, doch, die Nadel hat in der Schale gelegen. Auf dem Waschtisch. Mein Mann tut immer alles an seinen Platz.»

Der Kleiderschrank wurde abgerückt, die Teppichläufer im Schlafzimmer wurden aufgerollt, Staub wölkte hoch. Die Mutter rutschte auf den Knien an den Dielenritzen entlang. Sie wendete Jacken, Hosentaschen um, betastete Schlipse von außen und innen. Die Brillantnadel blieb verschwunden. Der Verdacht kreiste Frau Goepen ein, immer enger. Die Nachbarn rieten, Frau Goepen anzuzeigen . . . Vielleicht eine Haussuchung . . . dann würde sie klein beigeben. «Haussuchung? Ach nein. Hat keinen Zweck. In dem Milieu! Die hat die Nadel doch längst verscherbelt.» Es passierte nichts mehr mit Frau Goepen. Ich konnte aufatmen. Die nächtlichen Sitzungen auf dem Küchensofa kamen nicht raus. Ich mußte die Frau nicht wiedersehen, mußte dem vorwurfsvollen Blick aus verquollenen Augen nicht standhalten, der vielleicht gesagt hätte: Du weißt doch alles, dir hab ich doch alles erzählt von meinem Leben. Du. Komplizin, Verräterin, Ausbeuter-Kind.

# Beletage

Der Verlust der Krawattennadel hatte ungeahnte Folgen: Er setzte einen langsamen, unabwendbaren Erdrutsch in Gang. Die Mutter machte sich weis, sie brauche kein Dienstmädchen mehr, wolle auch keins. Ehrliche kriegte man sowieso nicht. Früher oder später klauten sie alle. Mit einer Putzfrau und einer Waschfrau kämen wir schon durch. «Man ist auch mehr unter sich. Nicht immer fremde Ohren dabei.»

Die Putzfrau kam nicht. Sie war zu teuer. Der Vater half beim Gröbsten. Er tat alles heftig und schnell, wie in unterdrückter Wut. Teppiche klopfen, bohnern. Aber wenn er im Herrenzimmer saß, blaue Rauchkringel in die Luft blies, schleppte die Mutter die Kohlen aus dem Keller. Die Eimer schepperten im Treppenhaus, und man hörte ihr Ächzen auf den letzten Stufen.

Wir wohnten auf dem ersten Stock. «Etage» sagten die Eltern, wie alle Leute in Köln. Aber das «g» sprachen sie französisch weich aus; so klang es feiner als das geläufige «Etasch» der anderen Mieter im Hause.

Auf der ersten Etage zu wohnen, war fein. Alles, was wir hatten, war fein. Die dunkelblauen Blumentapeten,

Buffet und Kredenz aus Mooreiche, echte Kristallschalen auf Brüsseler Spitzendeckchen, ein Papagei aus Meißner Porzellan, Plüschportiéren vor den Türen, Tüllgardinen an den Fenstern. Auch der Kronleuchter im Eßzimmer war fein, im teuersten Lampengeschäft der Stadt gekauft. Seine gläsernen Prismen, wie Eiszapfen geschliffen, klirrten bei jedem Luftzug. Der hohe, zimperliche Ton kündete Feierlichkeit an.

Wir benutzten das Eßzimmer nur an Sonn- und Festtagen. Es war immer aufgeräumt und wirkte wie eine Kapelle, die auf Beter wartet. Im Erker war die Feierlichkeit konzentriert. Gedämpftes Licht floß durch das breite, von Wolkenstores verhüllte Mittelfenster, rötlicher Schein sikkerte durch die kleinen Scheiben der Rubinglas-Umrandung an den schmalen Seitenfenstern. Im Erker stand eine Konsole aus schwarzem Holz, die bis zur Mitte hin in Stufen anstieg. Töpfe mit Hängepflanzen besetzten die unteren Brettchen, auf dem höchsten Podest thronte eine Phönixpalme mit starrem Blattgefieder, das sich breit und gleichmäßig nach beiden Seiten spreizte. Jedes Blatt endete in einer lanzenscharfen Spitze.

Ich war noch nie in einer Kirche gewesen, wußte nichts von religiöser Andacht, noch wem sie zu gelten hätte. Aber die Phönixpalme, die wie auf einem Altar thronte, nötigte mir solche Ehrfurcht ab, daß ich auf fromme Gebärden verfiel. Ich legte die Hände vor der Brust zusammen, mit den Fingerspitzen nach oben, wie ich es von einem Engelsbild her kannte, das bei unserem Hausbesitzer im Flur hing, blickte ergriffen zur Palme empor und sank auf dem bunten, orientalisch gemusterten Läufer, der den Erkerboden bedeckte, in die Knie.

Höhepunkte dieser Andachten waren die Sonntagvormittage im Winter, an denen der Vater Klavier spielte. Es wurde früh eingeheizt, der Ofen strahlte starke Hitze aus. Der Vater spielte Stücke aus Wagner-Opern. Sein Lieblingsstück kannte ich vom Deckblatt des Notenheftes her. Eine üppige Frau war darauf, die trug eiserne Halbkugeln wie Schüsseln auf der Brust und einen Helm mit weißen Schwanenflügeln auf langen, schwarzen Locken. Die Frau hieß Walküre, hatte der Vater gesagt. Aber nie erfuhr ich, warum sie Schüsseln auf der Brust trug. Wenn ich danach fragte, griff der Vater in die Tasten, und die Töne donnerten und wogten durch das überhitzte Zimmer, und das rote Licht flutete in den Erker, und alles war so feierlich, daß ich das Gefühl hatte, tanzen zu müssen. Eine alte Gardine, aus dem Lumpenschrank im Flur gewühlt, zog ich als Schleier über den Kopf, umkreiste den Pflanzenständer auf Zehenspitzen, in Schritten, die zur Musik paßten – wie ich meinte. Vor der Palme vollführte ich Knickse und Drehungen, die immer schneller wurden, bis der Vater mit geschlossenen Augen vornübergebeugt über den Tasten verharrte, und ich, schwindlig und atemlos, in eine Art Trance versank. Minutenlang hockte ich auf dem Boden, zusammengekauert, den Kopf auf den Knien, wie ein Moslem beim Gebet.

Woher kamen mir die Faxen? Aus einem rätselhaften, Kindern vielleicht eingeborenen Trieb zu kultischen Übungen, zur Huldigung an ein unbekanntes Wesen? Wahrscheinlich hätte ich auch eine Gipsbüste von Beethoven umtanzt, wie ich sie von anderen Leuten her kannte, hätte sie nur am gleichen Platz, auf der Konsole thronend, im Erker gestanden. Die höchst willkürliche

Mischung der Gebärden, die ich wer weiß wo abgeguckt haben mochte, brauchte offenbar einen Gegenstand.

Der tiefste Grund der Darbietung, jedenfalls der einzige, der in der Erinnerung plausibel ist, mag Selbstgenuß gewesen sein. Ich fühlte mich unendlich wohl in diesen feierlichen Bewegungen, schwebend über unserem Familienalltag, der immer voll Spannung war, gewittrig, drohend mit gereizten Reden und Widerreden, Geplänkel wie Wetterleuchten, das sich verzog, wieder auflebte, sich steigerte bis zur unaufhaltsamen Entladung. Jetzt, in diesem Augenblick, stichelte keiner, weinte keiner, brüllte keiner. Der Vater genoß sein Klavierspiel, lauschte den verklingenden Tönen nach. Die Mutter schaffte emsig und ergeben in der Küche. Es roch nach Rindfleischsuppe und Braten. Jetzt, in diesem Augenblick, war Glück und Frieden.

Als der nächste Winter kam, wurde das Zimmer umgeräumt: der Ofen in eine andere Ecke geschoben, das Ofenrohr künstlich verlängert, damit es mehr Wärme abgab. Danach strich der Vater das ganze Rohr mit Silberbronze an. Meterlang kroch es als grausilbernes Reptil über die Tapete. Blaue und lila Chrysanthemen, grüne Knospen und Blätter versengten unter der Hitze. Ein beißender Geruch breitete sich aus, wenn der Ofen angeheizt wurde. «Wir sparen damit eine Menge Anthrazit.»

Die Kohlenpreise waren gestiegen. Die Mieten auch. «Vier Zimmer konnten wir uns nicht mehr leisten. Wir mußten vermieten», klang es wie das Bekenntnis einer Schande. Das Schlafzimmer der Eltern lag am Ende des langen Flurs. Die Betten, der Waschtisch mit der Marmorplatte und der Kleiderschrank kamen ins Herrenzimmer. Schreibtisch, Bücherschrank und Clubsessel wurden ins Eßzimmer geschoben, das Klavier verkauft, die Pflanzenkonsole auch. Meine angebetete Phönixpalme verdorrte im Hof, bis der Müllmann sie mitnahm, für fünf Groschen Trinkgeld.

Im Erker stand nun anstelle meines Altars ein braunes Samtsofa, die schäbige, nur mit Drell abgedeckte Hinterseite dem Mittelfenster zugekehrt. Es füllte den Erker fast völlig aus. In den engen Restraum konnte ich mich eben noch hineinquetschen. Frei bewegen konnte sich da keiner, es gab ja auch nichts mehr zu umtanzen. Mit seinen zusammengestoppelten Möbeln sah unser Eß-, Wohn-, Herrenzimmer höchst unfeierlich aus – nach Umzug, Notbehelf, Warten auf bessere Zeiten.

Seltener noch als vorher wurde geheizt. Der Ofen verschlang immer noch zuviel; wochentags hausten wir in der Küche. Trotzdem, auch wenn das Zimmer kalt blieb, schlüpfte ich hinein, trieb mich im Erker herum. Das linke der beiden Seitenfenster übte eine seltsame Anziehungskraft auf mich aus. Es reichte so tief herunter, daß ich die Scheibengardine wegschieben und auf die Straße sehen konnte. Durch die freigewordene Fläche schaute ich in eine andere Welt.

Das Haus, in dem wir wohnten, war das letzte auf unsrer Straßenseite. Mit seiner Brandmauer endete die Häuserzeile. Dahinter lag ein leerer Winkel, besetzt von Schuppen und Gerümpel. Ich sah auf geteerte Pappdächer und eine niedrige Mauer, die mit spitzen Glasscherben bespickt war und die Schuppen und Gerümpel zur Straße hin verbarg. Und ich sah vom Erker aus dem Herrn Hubbard zu, wie er die Holztür in der Mauer aufschloß, dahinter verschwand, Minuten später einen schweren, zweirädrigen Karren durch das Tor bugsierte und auf die Straße stieß, das Tor wieder zuschloß und einen großen Schlüssel in seine Jackentasche steckte, seine graukarierte Kappe kurz lüftete und wieder aufsetzte und tief in die Stirn drückte. Und ich sah, wie er mit langen Schritten auf die Brandmauer zuging, in die Ecke, wo sie mit der Lagermauer zusammenstieß. Da konnte ich Herrn Hubbard nicht mehr sehen. Aber das grünliche Rinnsal, das übers Trottoir floß, sah ich und auch, daß er sich die Hose zuknöpfte, wenn er wieder zu seinem Karren ging. «Du sollst da nisch hinkucken, Kind. Der Hubbard iss en Schwein», sagte die Mutter. «So'n ordinärer Kerl, was der sich rausnimmt.» Frau Greff, die Lehrersfrau von gegenüber, flüsterte mit der Mutter im Hausgang. Frau Greff meinte, einer wie der Hubbard dürfte eigentlich nicht frei rumlaufen.

Hubbard war in unser Viertel eingedrungen, in unsere Straße, in der Eisenbahn- und Postbeamte wohnten, Lehrer, eine Gesangspädagogin und ein Schornsteinfegermeister. Ordentliche Leute, die auf sich hielten, die wußten, daß Krämers Elli, gerade achtzehn, gestern wieder erst um halb elf heimgekommen war und lang mit ihrem Freund in der Haustür geknutscht hatte. Auch daß der Medizinstudent, der in der Mansarde im Haus schräg gegenüber wohnte, manchmal eins über den Durst trank. Die Frau Greff hätte er beinahe angerempelt, am hellichten Tag! Auch daß der Inspektor Reimann schon zum Oberinspektor befördert worden war. Tüchtiger Mann, zweifellos. Aber die Frau «schmiß das Geld zu Tür und

Fenster raus», trug ein Hütchen mit Halbschleier und Pumps zum Einkauf.

Mit dem Karren, den Hubbard leer wegzog, tauchte er am Nachmittag wieder auf. Da war er vollgepackt mit Bananen, die meisten halbbraun und matschig. Hubbard verkaufte sie, flüchtig gewogen, tütenweise. Gellend schlug seine Stimme an den Hauswänden empor: «Bananen, Bananen, vier Pfund eine Maak!» Selten wurde er eine Tüte los in unserer Straße, unter den mit Tüll drapierten Erkern, vor den Korridoren, die mit dünnen Marmorplatten ausgekleidet waren. Der Vater schickte mich runter. «Geh, der Kerl muß ja verzweifeln.» Dann reichte mir Hubbard die Tüte, ungewogen und so voll, daß ich sie mit beiden Händen an mich drücken mußte, um nichts davon im Treppenhaus zu verlieren. Denn die Terrazzostufen mußten immer blitzblank sein, zweimal in der Woche wurden sie gescheuert.

Wo Hubbard mit der hochgetürmten Last der zergehenden Bananenmasse blieb? An einem Riemen, den er schräg über Brust und Schulter geschlungen hatte, zog er sie weiter, mit geschwollener Stirnader, schwer stapfend. Die hohen, mit Eisen bereiften Räder rasselten auf dem Straßenpflaster.

Im Winter hatte Hubbard Briketts geladen, die in schwarze Eisenkästen gepackt waren. Jungmanns über uns ließen sich jede Woche einen Kasten in die Küche bringen. Das war teuer, aber bequem. Zu uns kam er auch, wenn der Wintervorrat im Keller zu Ende ging und für eine neue Fuhre kein Geld da war. Dann wurden die Briketts kastenweise gekauft und sparsam Stück für Stück verbraucht, auch außerhalb der Kochzeit einzeln mit Zeitungspapier dick und fest umwickelt, so daß sie nur langsam verglühten, wobei ein scharfer Schwelgeruch die Küche erfüllte.

Wenn Hubbard den Kasten absetzte, den er auf der rechten Schulter trug – ein alter Sack lag dazwischen –, gab ihm die Mutter ein Glas Wasser. Während er hastig trank und sich das Glas ein zweites Mal füllen ließ und wieder trank, konnte ich ihn genau betrachten: sein ruß- und schweißverklebtes Gesicht, aus dem das Weiß der Augen heftig herausstach, die Falten zwischen Mund und Nase, tiefschwarz vom Kohlenstaub, der sich in ihnen gesammelt hatte, die dichten, über der Stirn zusammengewachsenen Brauen und die Wimpern, in denen Staubbröckchen klebten. Hubbard redete nicht. Aber er hustete und stöhnte. Einmal sagte die Mutter: «Ja, Hubbard, Sie haben es schwer. Ein Pferd müßten Sie haben.» Hubbard schwieg, sah die Mutter an und knurrte: «Bin ming eije Pääd!»

Als er weg war, lief ich ans Erkerfenster und sah, wie er mit beiden Händen die Griffe seines Karrens packte, die schräg in die Luft ragten, weil der Karren mit dem hinteren Ende aufgesetzt war. Er drückte sie mit aller Kraft hinunter und stemmte sich mit den Füßen gegen das Pflaster, damit der Karren nicht wieder nach hinten kippte. War die Last endlich im Gleichgewicht, zog er schnell davon, den Oberkörper vorgebeugt, eingespannt in sein Geschirr, in Richtung Siebachstraße. Wirklich, er war sein eigenes Pferd. Ich fand das komisch.

# Die Kinder in der Siebachstraße

Sie lief quer zu unserer Straße, sie war die unsichtbare Grenze unseres Viertels. Die Leute in der Siebachstraße waren anders. Frauen in Pantoffeln und Schürzen standen auf dem Trottoir, hatten die Hände in die Hüften gestemmt oder vor der Brust gekreuzt, Milchkannen und Einkaufskörbe vor den Füßen. Sie redeten und redeten. Kinder hockten auf den Stufen vor der Haustür, hatten Rotznasen; die Mädchen trugen Schleifen im Haar. Sie lutschten an roten Zuckerstangen, wickelten sich Schlangen aus Lakritz ums Handgelenk.

Alte Männer und Frauen lehnten im Fenster, hatten die Ellbogen auf geblümte Kissen gestützt. Sie schwatzten mit denen, die vorübergingen, schimpften mit den Kindern, die laut plärrend unanständige Abzählreime aufsagten. «Waat, isch sach et dinger Mamm.» Und die Kinder schimpften zurück und lachten und streckten ihnen die Zunge heraus.

Männer im mittleren Alter waren selten zu sehen in der Siebachstraße. Die Väter der rotznasigen Kinder arbeiteten irgendwo weit weg. Nur ein paar Jüngere standen an den Ecken, Hände in den Hosentaschen, Zigarettenstummel im Mundwinkel. Manche spielten Jojo, und die Mutter sagte, es sei eine Schande, wie die den ganzen Tag rumlungerten. Der Vater widersprach ihr, sprach von den Schlangen vor den Arbeitsämtern, von dem Schlamassel, aus dem diese armen Leute nicht mehr rauskämen, wenn sie arbeitslos seien, und sie solle sich gefälligst in deren Lage versetzen, statt sie zu verurteilen.

Die Mutter schwieg. Sie war anderer Meinung. Und ich sah die Gespenster nicht, die über dem vergnügten Leben in der Siebachstraße hin und her zogen. Wieso waren die Leute da arm? Die Kinder jedenfalls durften tun, was mir verboten war: Lakritzen und Gummibärchen kauen, sich an den Milchwagen hängen, der jeden Morgen vorbeifuhr, auf Laternen klettern, aus der Pumpe trinken, sich gegenseitig bespritzen, mit Kreide auf die Hauswände schmieren und überhaupt . . . den ganzen Tag auf der Straße sein. Auf der Straße, wo das Kreischen und Schimpfen nicht aufhörte bis in die Dämmerung und manchmal zu mir hoch drang ans Erkerfenster wie eine Welle von Lustgeschrei.

Zweimal im Jahr schwoll der Neid zum Schmerz an. Im Mai, wenn die Siebachstraßenkinder in weißen Kleidern gingen, mit geputzten Nasen, Kränze aus Stoffrosen auf dem Kopf, in den Händen Gebetbücher, die in Spitzentüchlein eingeschlagen waren. Die Kleinsten streuten Blumen aus silbernen Körbchen aufs Pflaster. Die Jungen hatten weiße Hemden an und Lackschuhe und die Haare mit Pomade glattgebürstet. Sie trugen hohe, mit Myrthenzweigen umwickelte Kerzen oder Samtkissen, auf denen Silberlilien lagen, während die Ministranten in roten und weißen Chorhemden mit Spitzenkragen ihre Weih-

rauchfäßchen so kräftig schwenkten, daß sie im kräuseln-
den Dampf wie umnebelt dahergingen. Hinter ihnen
stapften ernste Männer mit Schärpen um den Bauch, die
einen Baldachin aus Goldstoff trugen. Unter ihm schritt
der Pfarrer, die Monstranz in den erhobenen Händen (für
mich ein rätselhaftes Funkelding, mit einer Art Spiegel-
scherbe in der Mitte). Der Pfarrer war groß und dick, und
weil seine Füße unter dem bodenlangen Saum des Gewan-
des nicht zu sehen waren, schien es mir, als rolle er auf
unsichtbaren Rädern. Dann kamen die Nonnen vom
Hospital St. Vinzenz in ihren Ordenskleidern aus dickem,
blauem, filzigen Stoff. Sie traten so schwer auf, daß die
weit ausladenden weißen Flügelhauben bei jedem Schritt
wackelten. «Gegrüßet seist du, Maria, voller Gnaden . . .»
Weihrauchwölkchen, Gebete und Gesang im Takt der
Blasmusik, frommes Gemurmel am Straßenrand, wo die
Leute knieten und sich bekreuzigten, geleiteten den bunten Heerwurm durch die Siebachstraße, die jetzt geehrt
und geschmückt war wie keine Straße in den besseren
Vierteln. Befranste Seidendecken, auch kleine, nicht immer saubere Teppiche und Bettvorleger hingen in den
Fenstern, künstliche Blumen in Kristallvasen, Zimmerlin-
den und Heiligenbilder standen drauf und Kerzen in Be-
chern aus rotem Zelluloid. Grau und tot wirkte dagegen
unsere Straße an diesem Tag. Wie gern wäre ich mitge-
trabt in der Fronleichnamsprozession, weißgekleidet wie
die andern, die sich «Engelchen» nannten, eine Kerze
oder eine Lilie aus versilbertem Papier in der Hand – irgendwas zum feierlich Vor-sich-Hertragen.

«Nein. Das geht nicht. Wir sind evangelisch.» Ein Wort
wie ein Messer. Es schnitt mich ab von den Kindern der

Siebachstraße, den Rotznasen, den Lakritzenschleckern, den Fronleichnams-Engelchen mit den Rosen im Haar.

Heftiger noch packte mich ein anderes Fieber: wenn Maria, die Tochter des Hausbesitzers, anfing, an einem grasgrünen Fummel aus glitzerndem Paillettenstoff zu sticheln. Demütig besorgte sie sonst tagaus tagein die Hauswirtschaft, weil die Mutter tot war; ließ sich beschimpfen vom nörgelnden Vater und fünf grobianischen Brüdern; putzte, stopfte, kochte, sang und weinte. Maria weinte inbrünstig und sang tieftraurige Lieder vom «Töchterlein auf der Totenbahr»; von den zwei Königskindern, die einander so lieb hatten, und dem falschen Nönnchen, das die Kerzen «auslöschen tät», so daß der Jüngling ertrank. Marias Stimme bebte vor Mitleid. Mir blieb flackernder Kerzenschimmer auf tiefschwarzer Wasserfläche für immer eine furchterregende Vorstellung. Meine Frage, ob die Vinzentinerinnen auch so was machten, brachte das fromme Mädchen in Verlegenheit. «Nein, heute nicht mehr», sagte sie, um einer umständlicheren Erklärung auszuweichen. Doch eine Spur von Mißtrauen gegen die wackeren Ordensfrauen, die in unserer Gegend auftauchten, um Kranke zu pflegen, wurde ich nicht los, solange ich Kind war.

Aber Maria sang auch: «Ich hab mein Herz in Heidelberg verloren» und «Johann Gottfried Seidelbast war ein schöner Gymnasiast, liebte die Elisabeth, weil sie war so dick und fett.» – «Pfui», sagten die Eltern, das seien Gassenhauer. Die durfte ich nicht mitsingen.

«Maria, was nähst du'n da?»

«Mein Kostüm.»

«Als was gehst du?»

«Als Nixe.»

Maria stand vor dem Spiegel, drehte sich hin und her, strich über die Schuppenhaut, die sich glatt und glänzend über ihrem üppigen Busen, dem leicht vorquellenden Bauch und den runden Hüften spannte. Sie zupfte an den Volants aus grünem Chiffon, die sie aufgenäht hatte, so daß sie von den Hüften an bis unter die Knie senkrecht herabrieselten. «Das sind meine Schwanzflossen.» Weiter unten kamen noch grüne Strümpfe und silbrige Pumps. Das dunkle Haar, das sie sonst streng aufgesteckt in Flechten trug, flutete jetzt als ondulierte Mähne um die Schultern, ein kleiner grüner Gazeschleier saß obendrauf, mit Haarnadeln befestigt.

Mit offenem Mund sah ich der Verwandlung zu. Unheimlich waren in all dem glitzernden, schleiernden Grün die schneeweißen, weichen, bis zur Achsel nackten Arme, die ich nie zu sehen bekam, wenn Maria wie üblich im Hauskleid steckte. Und dann dieses süße Maiglöckchen-Parfum, das wie ein Nebel in ihrer kleinen Kammer lag.

Sie hatte sich von Kopf bis Fuß damit eingesprüht, hatte den Kristallflakon mit dem umsponnenen Gummiball auf den tiefen Ausschnitt gerichtet, in dem der Ansatz des Busens als dunkler Schlitz zu sehen war, und auf die Taille. Auch unter die Achseln hatte sie Parfum gespritzt, und mir kam es vor, als entströme der süßlich-scharfe Geruch unmittelbar ihrem Körper.

Drei Tage lang war Maria verschwunden. Die Betten blieben ungemacht, Teller und Tassen ungespült. Aus dem Erdgeschoß zog der Geruch von aufgewärmten Essensresten durchs Haus.

Maria tauchte einmal am Morgen auf, bleich, mit

dunklen Ringen um die Augen. Das Nixenkostüm war zerknittert, die grünen Volants, die Schwanzflossen, hingen nur noch an losen Fäden um die Knie.

Im Treppenhaus tuschelten die Frauen: «Will sich mal austoben. So'n armes, mutterloses Ding.» Aber die fiele mal furchtbar rein. Die Brüder dächten nur an sich. Und der Alte! Morgens in die Messe, abends in die Kneipe! Alle im Haus wußten, wenn Maria nicht spurt, kriegt sie Prügel. «Man müßte sich um sie kümmern.»

Doch keiner kümmerte sich. Am Aschermittwoch früh kam Maria aus der Kirche. Rittlings auf dem Treppengeländer sitzend, lauerte ich ihr auf – und war enttäuscht. Was sie auf der Stirn trug, war gar kein richtiges Kreuz, sondern nur ein grauer Dreckfleck, den mußte sie bis mittags dranlassen.

Im graublau karierten Schürzenkleid, die Haare wieder ordentlich in Flechten hochgesteckt, machte sie sich an die Arbeit. Sie war stiller als sonst. Sie sang nicht, gab mir nur knappe Antwort.

«Wo warste denn die janze Zeit?»

«Auf'm Maskenball.»

«Was hast'n da jemacht?»

«Getanzt.»

«Jetanzt? Immer? Auch nachts? Du warst doch 'ne Nixe?»

Maria schwieg, sie war verärgert. Ich verdrückte mich.

Was mochte passiert sein? Grüne Schleier waberten in meiner Phantasie. Im Wasser, in einem Riesenaquarium, zwischen Muschelfelsen, huschenden Fischen und Schlingpflanzen hatte ich mir Maria vorgestellt, wohlig sich räkelnd, die Haare als flutenden Vorhang, Luftblasen wie Perlen um sich her. Und nun war sie gar nicht geschwommen, sie hatte getanzt, nächtelang! Die Füße mußten ihr weh tun, jetzt, da sie wie früher am Kochherd stand, am Spülbecken, am Waschbottich, Kartoffeln schälte, Eimer ausleerte, Hemden bügelte, Socken stopfte und sich von Vater und Brüdern beschimpfen ließ. Die Verwandlung war nicht gelungen. Nur die dünnen Fältchen, die von den Nasenflügeln zu den Mundwinkeln liefen, waren über Nacht schärfer geworden.

Daß sie ihr gewöhnliches Leben weiterführen mußte, tröstete mich halbwegs über meinen eigenen Schmerz hinweg. Brennend wünschte ich mir, einzutauchen in das verhexende Gewimmel auf der Straße, das am Sonntag früh anfing und bis tief in die Dienstagnacht dauerte. Maskiert natürlich, verwandelt wie die Siebachstraßenkinder. Schusterjunge, Schornsteinfeger, Indianer, Teufel, Kater, Chinese, Neger, Tünnes und Schääl. Braun, rot und weiß geschminkt bis unter die Haarwurzeln. Pappzylinder, Federhüte, Kappen und Perücken. Maskenseide, Sackleinen und tausend Flicken, Unterröcke der Großmutter, ausgestopfte Bäuche und Busen, Nachthauben, angeklebte Schnurrbärte, Drahtbrillen und Riesenschnuller. Sie stolzierten straßauf, straßab, quäkten auf Blechtrompeten, droschen auf kleine Trommeln, schwenkten hölzerne Karren, schlugen jeden, der vorbeikam, mit der Pritsche, sammelten sich zu Grüppchen, tanzten in Ketten quer über den Fahrdamm. Drei Tage lang. Und sie sangen drei Tage lang «Ajuja, ajuja, jätz jeht et widder juja, jäzt jeht et loss». Morgens schallte es in Brüllstärke zu unseren Fenstern hoch, mittags gedämpfter, am Abend heiser, vertröpfelnd zwischen den Laternen.

Von Zeit zu Zeit schwoll der Chor an. Halbwüchsige, auch Erwachsene zogen im Trupp durchs Viertel. Einer schlug mit Wucht die «decke Trumm», die Kinder hinterher als Kometenschweif. Verzückt marschierten sie durch den braunen Schneematsch, der vermischt war mit Pferdemist und Hundekacke und bunt gesprenkelt von Konfetti.

«Nein, da gehörst du nicht hin. Sieh dir den Dreck an. Bei der Kälte. Die holen sich den Tod. Wenn's uns mal wieder besser geht, darfst du zum Kinderkostümfest.»

Also blieb ich zu Hause, kriegte ein spitzes Papiermützchen, blau mit Sternen, eine rote Pappnase, die mit Gummikordeln an den Ohren zu befestigen war, und eine Rolle Luftschlangen. Die schleuderte ich, eine nach der andern, aus dem Erkerfenster, das Ende heftete ich mit Reißnägeln an den Fensterrahmen. Da hingen sie lang und schlapp in der feuchten Februarluft. Ich freute mich, wenn ein maskiertes Kind – aus der Siebachstraße – hochsprang und danach schnappte.

War es ein Gruß nach oben? An das ausgesperrte Mädchen, das nicht runterkommen durfte in den Schnee-, Konfetti-, Hundedreckmatsch, den Humus der Siebachstraßenfröhlichkeit? Ach, was bildete ich mir ein? Die Siebachstraßenkinder waren eine verschworene Gemeinschaft. Nur einmal hatte ich versucht, mich anzubiedern. Korinthenbrötchen sollte ich holen beim Bäcker an der Ecke zum Vier-Uhr-Kaffee, gemischt aus Kathreinermalz und wenig Bohnen, den die Frauen im Haus sich gönnten, eine Stunde Intimgeschwätz, bevor die Männer heimkamen. Vor dem Bäckerladen spielte sich eine Szene ab, die mich empörte. Ein großer, rotfleischiger Junge hielt einen prall mit Wasser gefüllten Luftballon zwischen seinen Oberschenkeln und quetschte, die Finger beider Hände am Mundstück, in rhythmischen Stößen dünne Wasserstrahlen auf ein Mädchen, das sich an die Wand drückte und jämmerlich schrie. Zwei andere Jungen standen dabei, grinsend. Ich ahnte dumpf den Hintersinn der Szene, verstand ihn aber nicht und rief, die Tüte mit den Korinthenbrötchen unterm Arm: «Pfui, drei gegen einen, das ist gemein!»

Die Wirkung war verblüffend. Der rotfleischige Junge riß die Spritzblase zwischen seinen Schenkeln weg und hoch und schleuderte mir den Rest des Wassers über den Kopf. Die beiden andern und das Mädchen wandten sich vereint gegen mich: «Do Aap, war well's do dann he, maach dat do fott küss!» Und so eindeutig drohend war ihre Haltung, daß ich kein Wort mehr wagte und schleunigst nach Hause lief.

Den Verdacht, daß ich Wasser aus der Straßenpumpe getrunken und dabei Haar und Tüte naß gemacht hätte, nahm ich auf mich, denn ich war oft gewarnt worden: «Laß dich nicht ein mit den Kindern in der Siebachstraße.» Sie blieb danach für mich tabu, ein versperrtes Paradies.

# Walfischjagd

In unserer Straße, der Wilhelmstraße, gab es keine Kinder. Ernst, vornehm tuend, greisenhaft blickten die dunklen Fassaden ihr Gegenüber an. Die Leute, die dahinter wohnten, hatten erwachsene oder halberwachsene Söhne und Töchter, die studierten und poussierten und still überwacht wurden. Zum Spielen lud die Straße nicht ein. Kinder suchen Kinder. Mir blieb die feinere Kempnerstraße, an der anderen Seite, eine akaziengeschmückte Allee, gesäumt von dreistöckigen Mietshäusern. Sie hatten breite Erker und Schnörkelbänder über Tür und Fenster.

Straßenkinder gab es auch da kaum – ein paar Mädchen, die Puppenwagen spazierenführten und mich langweilten; Jungen, die an den Baumgruben hockten und mit Murmeln spielten und mich nicht ranließen. «Geh, du bis ja'n Mädchen.» Zum Glück wohnten in der Kempnerstraße die Vettern mit Großvater, Großmutter und Eltern in einer Doppeletage zusammen.

Dem Vater mißfiel die Wirtschaft der Verwandten. Weil sie auf einem Klumpen wohnten, könnten sie gut haushalten, außer ihrem sicheren Beamtengehalt noch die

43

Pension der Alten verbrauchen. Daß wir dabei leer ausgingen, erbitterte ihn. Von Zeit zu Zeit suchte er einen Anlaß, seinen Ärger loszuwerden. Das war meine Chance. «Ich geh rüber», sagte der Vater. Die Mutter wehrte ab. Sie fühlte sich seit Wochen schlapp, war blaß, und ihr wurde manchmal schwindlig. «Die Alte soll wissen, daß sie auch 'ne Schwiegertochter hat.» «Die Alte», meine Großmutter, klein, zierlich, hexenhaft flink, kochte fabelhaft und half tagaus tagein ihrer Lieblingstochter Lisbeth im Haushalt.

Der Vater stand im Mantel an der Tür. «Ich geh mit», sagte ich und setzte mein grünes Lederhütchen auf und zog es in die Stirn wie einen Helm, als Schutz gegen alles, was von oben kam, von den Erwachsenen: Verbote, Befehle, schlechte Laune, Zanklust. Ehe die Mutter mich zurückhalten konnte, war ich auf der Treppe, rannte über den Fahrdamm, witschte um die Ecke.

«'n Abend. 'n Abend, 'n Abend. Wie geht's?»

«Wie soll's gehen. Man schlägt sich durch.»

«Trinkste 'n Bier mit?»

Die Tante zog den Vater ins große Wohnzimmer. Wenn die Tür hinter beiden geschlossen war, wußte ich, so bald kommt keiner mehr raus. Im dicken Zigarrenqualm disputierten sie. Der Onkel, die Tante, mein Vater, während der Großvater im Polstersessel am Fenster saß, die gichtigen Füße in Plüschpantoffeln, die Kopfhörer seines selbstgebastelten Detektor-Radios, das auf einem Tischchen vor ihm stand, auf den Ohren. Oft richtete er den Blick verzückt aufwärts. «Buschkötter, Buschkötter dirigiert die Fünfte von Beethoven.» Er schloß die Augen und bewegte die rechte Hand, die zugleich die Zigarre hielt, dirigierend in der Luft. Tante Lisbeth sprang auf und fing die weißliche Kuppe der Brasil in einem schnell geschnappten Aschenbecher oder notfalls im halbgefalteten Stadtanzeiger auf. Im übrigen war sie in einen Streit mit meinem Vater verstrickt. Reizworte flogen hin und her. «Ihr Beamten! Habt ja keine Ahnung! Jeden Letzten kriegt ihr euer Gehalt. Was wißt ihr vom Existenzkampf.» – «Hoho», sagte Onkel Ludwig, der am Schreibtisch saß, über Akten gebeugt. «Hoho» und schwenkte einen Packen Papiere, die er mit kleinen feinen Zahlen in blauer und roter Tinte beschrieben hatte. «Von nichts kommt nichts, mein Lieber!» Er beugte sich wieder über seine Arbeit. Tante Lisbeth setzte einen vollen Bierkrug neben ihn. Sie bewunderte ihren Mann, der jeden Abend Akten mit heimbrachte und bis zum Schlafengehen daran arbeitete. Sie schob einen Pappteller unter, damit der Schaum nicht auf den grünen Filz des Schreibtisches troff, und tätschelte den breiten, speckigen Nacken. «Und du hättest ja bei der Eisenbahn bleiben können. Dann hättet ihr auch euer sicheres Einkommen.» Pause. «Aber ihr wart ja zu fein. Du und Fanny. Deine vornehme Frau. 'n Dienstmädchen haben, in die Oper gehen! Auf großem Fuß leben. Unsereins hat sich krummlegen müssen. Jeden Groschen zweimal rumgedreht.» Die Stimme wurde scharf.

Der Türrahmen knarrte. Er war so breit, daß Vetter Kurt und ich darin am Boden hocken konnten, die Fußsohlen gegeneinander gestemmt. «Deine Mutter kreischt», sagte ich. «Laßt mir gefälligst Fanny aus dem Spiel!» dröhnte es im Zimmer. «Und dein Vater brüllt», sagte Kurt. Der Ausgleich war hergestellt. Wir wußten:

Jetzt hatten wir freie Bahn. Der Krakeel drinnen würde stundenlang weitergehen.

«Was spielen wir?»

«Erst mal den Ernst holen.»

Ernst, der Ältere, lag bäuchlings auf dem Kanapee im Nebenzimmer und las im «Kleinen Coco», dem Bilderheftchen von «Rama-Margarine butterfein».

«Laßt mich in Ruh.»

«Nein, du machst mit.»

Wir zerrten, bis Ernst nachgab. Blindekuh. Nein. Da flutschten wir, die Kleineren, ihm unter den Armen durch, und er stieß sich an aufgesperrten Türen. Schweinemetzger. Nö. Hatten wir letztes Mal.

Bei diesem Spiel mußte einer auf allen vieren unter dem Küchentisch herumrutschen, grunzen und quieken und bekam Lumpen als Futter vorgeworfen. Weil ich am besten quieken konnte, war ich meistens «Schwein». Die beiden andern, Metzger und Bauer, feilschten um den Preis. Der Metzger kniff mich in den Po, um zu prüfen, ob ich fett genug sei. Dann wurde ich abgeführt, auf den Tisch gelegt, und der Metzger hackte mit den Außenkanten seiner Hände, schnell wie mit Messern, auf meinem Bauch herum. Ich spannte die Muskeln, um den Schmerz abzuwehren, genoß aber die Prozedur zugleich als Wollust, die sich steigerte, wenn der Metzger Arme und Beine als Würste zwischen den Handflächen hin und her rollte. Es kam vor, daß der Metzger dem Bauern erklärte, das Schwein sei nur aufgepumpt. Zum Beweis bohrte er mir den Finger in den Bauch. Ich hatte mit aufgeblasenen Bakken und hörbarem Pfiff die Luft abzulassen. Bauer und Metzger beschimpften sich, es kam zum Ringkampf, bei dem Ernst, der Stärkere, immer unterlag, weil ihn das Schwein von hinten ansprang und in die Wade biß. «Nö, nisch widder Schweinemetzger. Lieber Walfischjagd.» – «Jaaa.» Wir stürzten uns in unser Lieblingsspiel, das auf dem Flur stattfand, der mit Linoleum ausgelegt war. In der Mitte, vor der Garderobe, hing eine mit Eisenhaken an der Decke befestigte Schaukel. Hüte und Mäntel schleppten wir von der Garderobe weg ins Nebenzimmer am Ende des Flurs und holten uns die Sofakissen heraus, die dort auf dem Kanapee aufgereiht lagen. Die Tür ließen wir sperrangelweit offen und öffneten auch die Tür zum Korridor. Das Schaukelbrett wurde gegen eine Trapezstange ausgewechselt (die hatten die Vettern vom anderen Großvater geschenkt bekommen, dem Vorstand des Nippeser Turn- und Fechtvereins, der morgens in Unterhosen vor dem geöffneten Fenster Hanteln stemmte).

Einer von uns war Walfischjäger. Auf dem Trapez sitzend und schwingend mußte er sich blitzschnell herunterlassen, die «Walfische» am Boden dreimal mit der Fußspitze treffen und sich wieder hochziehen, ohne den Boden zu berühren. Die Walfische stießen sich in der offenen Korridortür ab und warfen sich mit dem vor den Bauch gehaltenen Sofakissen auf den Linoleumläufer, rutschten von einem Ende zum anderen, schnell, pfeilschnell und immer schneller, je länger das Spiel dauerte. Der ohnehin blanke Läufer war nun spiegelglatt und bot keinen Widerstand mehr. Wir waren berauscht, warfen uns mit Wucht immer von neuem auf den Boden, sausten und jauchzten und dampften vor Hitze. War einer «harpuniert» – also zum drittenmal getroffen –, tauschten wir unter Kampfgeschrei die Rollen, und das Spiel tobte, frisch angeheizt, weiter.

Bis die Wohnzimmertür aufflog. Rauchschwaden drangen in den Flur, Tante Lisbeth erschien, noch erregt vom Disput. «Seid ihr wahnsinnig. Frau Rademacher hat an die Decke geklopft. Hänschen Rademacher kann's nicht mehr aushalten.» Wir senkten die Köpfe. Wir wußten, wie krank Hänschen Rademacher war. Wir hörten es, wenn Hänschen Rademacher wieder einen Anfall hatte und hohl und rasselnd hustete. Hänschen hatte die Schwindsucht. Tage und Wochen mußte er im Bett liegen. Frau Rademacher erzählte es den Frauen im Haus, und die erzählten es weiter. Wir versprachen, nie wieder so wüst zu toben.

«Und was ist hiermit los?» Tante Lisbeth bückte sich und hob die Sofakissen auf. Eins nach dem andern. Das braunsamtene mit der Rüsche, das grün-seidene mit der eingesetzten Stickerei aus roten Rosen, das runde mit dem bunten Häkelüberzug. Sie drehte die Kissen um und um, holte Luft, starrte auf uns, dann wieder auf die Kissen. Deren Hinterseite war mit einer braungrauen, fettigen, klebrigsteifen Schmiere überzogen. Sämtliche Bohnerwachsreste, die in den Poren des Linoleums gesessen hatten, waren durch unsere Walfischjagd abpoliert worden. Der Läufer glänzte wie nie zuvor, die Kissen waren hin. Ehe Tante Lisbeth zur großen Strafpredigt ausholen konnte, verdrückte ich mich an der Hand des Vaters.

Auch gesittete Spiele spielten wir in der Kempnerstraße, bei den Vettern. Wir hockten um den runden Wohnzimmertisch, unter der runden Schirmlampe wie unter einer Brutglocke. Weiße Pferdchen flitzten im Kreis, bunte Jokkeys drauf.

«Ich krieg den roten!»

«Ich den blauen!»

«Du nimmst den grünen!»

«Immer noch schöner als gelb!»

«Pscht, nicht so laut. Ihr wißt doch, Hänschen Rademacher...»

Wir spielten «Rössli». Die Pferdchen flitzten, jeder spähte seinem Jockey nach. «Hurra, meiner ist vorn!» Über dem runden Kasten, der aussah wie eine Kuchenschachtel, schwebten, rotierten die Pferdchen, die Jokkeys, Rot an Grün, Grün an Blau vorbei. Ein Hebel draußen, eine Feder drinnen setzten das Rennen in Gang. Die Feder wurde gespannt und losgelassen und brummte und summte lang nach. Das leise Summen hüllte uns ein. Es war warm im Zimmer, wir hatten heiße Köpfe. Tante Lisbeth glaubte uns abgelenkt vom Gespräch, das sie mit der Großmutter und der Frau vom dritten Stock führte, bei Milchkaffee und Marmeladebrötchen.

Sie sprachen in gedämpftem Ton. Spitzten wir deshalb die Ohren heimlich, zwischen Start und Sieg der schnellen Blechpferdchen? Und schnappten auf, was nicht in unsere Kinderwelt gehörte. Sorgen, Nöte, Leiden. Gefährliche Geheimnisse. «Die arme Frau Engels! Bös' Wochenbett. En Drittes? Nee. Geht nicht. Das schaffen die nicht. Von dem Gehalt! Er iss doch erst Obersekretär... Wo doch der Josef studieren soll. Und die Aussteuer für die Margot... paar Jahre noch. Die wird 'n hübsch Mädchen. Macht sicher 'ne gute Partie... Iss alles jutjejangen? Doch, die Frau Rademacher iss tüchtig. Die paßt auf!»

«Pscht.» Die Stimmen senkten sich zum Flüstern. «Sie macht ja alles für ihr Hänschen. Die teure Medizin, der

Doktor . . .» So raunte und wisperte es im gut geheizten Wohnzimmer. Genau hörten wir nicht hin. Unsere Pferdchen lenkten uns ab. Erst sehr viel später ahnten wir die Angst, die die Mütter, die Tanten, die Frauen aus der Nachbarschaft bewegte, die als Gespenst an ihren Ehebetten stand. Es war die Angst vor einer dritten Schwangerschaft. Zwei Kinder, hochgestemmt auf der Leiter der Tüchtigkeit, der Sohn Akademiker, die Tochter gut verheiratet, das war Plan und Ziel einer anständigen Beamtenfamilie. Ein drittes galt als Katastrophe, hemmte den sorgfältig vorbereiteten Aufstieg. Und der Mann, der strebsame, fleißige, durfte nichts wissen. Die Frauen halfen sich von Fall zu Fall.

Wir verstanden von alldem nichts, damals. Spielten «Rössli» oder «Walfischjagd» und spürten die seltsame Heimlichkeit um die Witwe Rademacher, die baumelnde schwarze Jett-Ohrringe trug und im ganzen Viertel achtungsvoll gegrüßt wurde, und die wir fürchteten, weil sie mit dem Besenstiel an die Decke stieß, wenn wir unsere lauten Spiele spielten, und die einen Sohn hatte, der Blut spuckte.

Wir kannten Hänschen Rademacher nur vom Fenster her. An warmen Tagen saß der Achtzehnjährige, in Decken gehüllt, in Kissen gebettet, zwischen den geöffneten Fensterflügeln, weiß wie ein Leinenlaken, mit großen, rotgeränderten Augen im mageren, ältlichen Gesicht. Er sah nach den Kindern, den Hunden und den blühenden Bäumen. Sein Mund blieb schmal wie ein Strich. Hänschen Rademacher war sehr krank. Jedesmal, wenn wir ihn sahen, nahmen wir uns vor, nicht mehr über seinem Zimmer zu toben.

# Aufklärung

Die abendlichen Dispute mit den Verwandten in der Kempnerstraße steigerten sich zu Krächen. Vater und Tante Lisbeth gingen beleidigt auseinander, versöhnten sich, zerstritten und versöhnten sich aufs neue. In den Zeiten dazwischen durfte ich nicht rüber zu den Vettern. Eine Art Quarantäne wurde mir auferlegt, auch zur Zähmung meines Benehmens, das die Mutter «jungenhaft» nannte: zu wild, zu ungebärdig. Die merkwürdige Frage: «Wann willst du endlich ein richtiges Mädchen werden?» klingt mir noch im Ohr.

Was war das, ein richtiges Mädchen? Zöpfe tragen, Puppenwagenschieben, artig knicksen – all das hätte mich lächerlich gemacht in den Augen der Vettern, während mir ihre Anerkennung «dat Len iss 'ne halve Jung» schmeichelhaft erschien. An Tagen, an denen ich nicht zu ihnen kam, nicht in wilden Spielen, im Ringkampf oder bei anderen Kraftproben meine Ebenbürtigkeit beweisen konnte, fühlte ich mich einsam. Keiner hatte Zeit. Die Mutter hatte zu kochen, zu putzen. Maria im Unterhaus hatte zu kochen, zu putzen. Die Frauen im zweiten und dritten Stock hatten zu kochen, zu putzen. Das ganze kinderlose, emsig beschäftigte Mietshaus kam mir öde vor. Also trollte ich mich in den Garten hinterm Haus.

Sollte da je ein Garten oder auch nur ein Gärtchen gewesen sein – dieses räudige Stück Erde, das ich nach dem Krieg wiedersah, vom Treppenfenster aus? Die schimmligen Mauern standen noch. Sie umschlossen ein Viereck, in dem nur noch ein paar Rosenbüschel, Inseln von Quekken, Brennesseln und Löwenzahn gediehen. Dazwischen lagen Kartoffelschalen, Kohlstrünke, faule Gurken und Tomaten. Ein mannshoher Baumstumpf in der Mitte reckte seine abgesägten Äste wie verstümmelte Arme in die Luft. Sollte das der Rest vom Pflaumenbaum sein, in dessen Krone ich, im Laub versteckt, mucksmäuschenstill gesessen hatte, um die reifen Früchte, so weit die Hände reichten, zu klauen? Oder hatte ich mich in der Hausnummer geirrt? Aber die 73 stand über der Haustür, und die Verkleidung im Flur mit ehemals weißen, jetzt schmuddligen Marmorplatten war erkennbar, die schmiedeeiserne Rose auch, die das Ende des Treppengeländers schmückte – gefährliches Hindernis beim Abwärtsrutschen, rittlings, nur mit Schwung zu überwinden. Wenn es nicht glückte, schrammte ich mir die Oberschenkel blutig.

Während der Blick sich zurechtzutasten suchte an den kargen Wegzeichen, die zurückführten in die Kinderjahre, ging unter mir die Korridortür der ersten Etage auf. Drei kleine schwarzäugige Mädchen quollen heraus, in Schwaden von Knoblauchduft gehüllt, und pflanzten sich neben mir auf. «Na, Tante, watt well's do dann he?» Ich erklärte ihnen, daß ich in diesem Haus geboren und aufgewachsen sei und die Gegend wiedersehen wollte. «Und ihr? Ihr seid auch von hier?» – «E nä, mer kummen uss Italijen!» Sekunden später, die Älteste, mit blitzendem Augenaufschlag: «Unn mer blieven och hee!» Wackere Gastarbeiterkinder. Deutlicher konnte mir die Scheidewand zwischen harter Gegenwart und weich zerfließender Vergangenheit nicht gewiesen werden.

Früher, als der Garten noch meine Zuflucht gewesen war, gehörte er dem Hausbesitzer, der ihn mit einem eisernen Törchen verschlossen hielt. Er öffnete es nur selten und ungern. Wochentags lag der Garten einsam und kühl im Schatten seiner Mauern und verwilderten Obstbäume. Ich kletterte schnell über das Törchen und war geborgen im dichten Laub, umgeben von Stille und leisem Modergeruch.

Der Brunnen plätscherte nicht mehr, der kleine nackte Gipsengel auf dem Tuffsteinfelsen in der Mitte stemmte seine Muschelschale vergebens in die Höhe. Trockene Blätter füllten sie bis zum Rand. Der fadendünne Wasserstrahl, der über der Schale sprang und tanzte und im Wind zum regenbogenfarbigen Schleier zerstob, war versiegt, die Düse, aus dem er aufstieg, verstopft und verrostet. Ein paar alte fleckige Goldfische standen reglos im unteren Becken. Ich warf Steinchen hinein, sie zuckten und verschwanden unter einer Schicht schleimiger Algen, die das Wasser zur Hälfte bedeckten.

Verrostet waren auch die Eisenklammern an den Gartenmauern. Der Hausbesitzer hatte Spalierbirnen ziehen wollen, wie die Nachbarn, hatte seinen Plan aber bald wieder aufgegeben. Viele Tüfteleien im Haus und im Garten gab er bald auf. «Klüngelsfritze», schimpfte der Vater, wenn er ihn mit Hammer und Zange und Lötkolben hantieren sah. «Streicht hohe Mieten ein und läßt nichts ordentlich machen. Für seinen Rotweinschoppen hat er Geld.» – «Und für die Kirche», sagte die Mutter. Alle Mieter im Haus wußten, daß die vierschrötige Ordensschwester Emmerenzia, die jeden Monat im Erdgeschoß klingelte und von Maria ehrfürchtig begrüßt wurde, für den Borromäusverein sammelte.

Mir waren die Klammern nützlich. Man konnte leicht an ihnen hochklettern. Auf der Mauer liegend, überblickte ich mein grünes Dschungelreich. Garten neben Garten, lauter schmale Vierecke, durch weißgekalkte Mauern getrennt. An allen vorbei lief die schier endlose Mauer, die die Gärten von einem langgestreckten, kahlen Hof abtrennte, dem Schulhof der evangelischen Volksschule. Gezeitenhaft brauste hinter ihr ein Meer von schwirrenden Stimmen, Gelächter und Geschrei auf. Schwoll an und ab, bis die schrille Klingel das Ende der Pause anzeigte, allen Lärm durchdrang und zum Verstummen brachte. Minuten später lag wieder Stille über den Gärten, über den Wipfeln der Obstbäume, über Stachelbeerbüschen, Rhabarberstauden, Stiefmütterchen- und Rosenbeeten. Daß ich je auf die andere Seite, die Schulhofseite gehören, in den Lärm der Pausen eingetaucht sein würde, kam mir nicht in den Sinn. Ich lag bäuchlings auf der sonnenwarmen Mauer und griff langsam, langsam nach unten in Nachbars Spalier, drehte vorsichtig ins Laub fassend eine reife Birne um ihren Stiel, bis sie in meiner Hand lag. Ein struppiger grauer Kater, der durch die Gärten strich, als gehörten sie ihm, sah mir zu.

«Mußt du immer klettern? Was hast du bloß auf der Mauer verloren?» Die Mutter sah bekümmert auf die abgeschabten Kappen meiner Schuhe. «Könntest ja auch

mal wie andere Mädchen . . .» – «Mit Puppen spielen?»
Ich schüttelte mich.

Auf der Mauer liegen, nach rechts und links in die Höfe
und Gärten spähen, das wurde zur Leidenschaft. Erst
recht, seit im Nebenhof Billa, die Skyehündin, hauste. Sie
bestand aus sandfarbenen Zotteln und Fransen, die fast
bis auf den Boden reichten. Ohren und Schwanz waren
bewimpelt, und die Stirnfransen mit einer roten Schleife
zu einem Büschel zusammengefaßt, damit die Augen frei
blieben. Wenn Billa im Hof herumlief, auf ihren halbver-
deckten Pfoten, die sich rasch bewegten, glich sie einem
aufgezogenen Spieltier.

Billa kläffte viel und hell und scharf. Die Leute in den
Häusern rundum schimpften, aber keiner beschwerte
sich. Billa gehörte Erich, dem Junggesellen, der immer
noch bei seinen Eltern wohnte. «Aus Sparsamkeit», sagten
die Leute. Das ganze dreistöckige Mietshaus hätten sich
die Breuers vom Mund abgespart. «Die essen sich nie richtig satt.» Und wie der Erich daherkam! Immer im selben
Anzug, mit Lederflicken auf den Ärmeln, einen braunen,
zerbeulten Filz auf dem Kopf, «den trägt er, weil er schon
halb kahl ist vom vielen Studieren». Erich, der Kauz, der
Sonderling, der schweigsame Junggeselle, der alle Nachbarn höflich grüßte und höflich gegrüßt wurde. Denn
Erich war Gerichtsassessor, und das Wort «Gericht» hatte
einen respektgebietenden Klang.

Erich war mein Freund. Mit mir redete er. Über Billa,
die auf den Hinterbeinen an der Mauer hochhüpfte und
kläffte. «Billa ist ein Rassehund. Billa stammt aus Eng-
land. Billa wird jeden Tag gekämmt.» Und «Billa kriegt
bald Junge.» Eine Nachricht wie eine Bombe. Atemlos zog

ich von Etage zu Etage, klingelte an allen Türen und verkündete: «Billa kriegt Junge.» Die Leute schienen nicht besonders begeistert zu sein.

Mich interessierte nichts anderes mehr. Billa wurde dick wie eine Walze und schleppte sich schwerfällig über den Hof. Im Juni spannte Erich ein Dach aus Segeltuch quer über den halben Hof, damit Billa Schatten hatte. Endlich kriegte ich sie zu sehen: die Hündin in einem flachen, gepolsterten Korb und an ihr dran, suckelnd, wuselnd und winselnd, fünf Junge, die aussahen wie rosa Ratten.

«Weißt du auch, wo die kleinen Hündchen hergekommen sind?» fragte der Vater.

«Aus dem Bauch von der Billa.»

«Richtig, aber wie sind sie da rausgekommen?»

Verlegenheit. Ich wußte es nicht. Der Vater warf der Mutter einen ernsten Blick zu.

«Hast du das Kind aufgeklärt?»

«Nein.» Die Mutter antwortete zaghaft.

Der Vater, vorwurfsvoll: «Dann wird's ja wohl Zeit.»

Maria, im Erdgeschoß, hatte mir ein Lied beigebracht: «Klapperstorch, du Guter, bring mir einen Bruder, Klapperstorch, du Bester, bring mir eine Schwester.» Ich sollte zwei Stück Würfelzucker auf die Fensterbank vor dem Schlafzimmer der Eltern legen, dann käme der Storch, holte den Zucker und brächte uns ein Kind. Die Zuckerwürfel schmolzen und hinterließen einen Klecks wie Spucke auf der Fensterbank, und als ich das Lied sang, sagte der Vater: «Unsinn, Störche sind Vögel und legen Eier. Da kommen junge Störche raus. Mit dem Kinderkriegen haben sie nichts zu tun. Kinder werden geboren.

Sie . . . nun, du hast ja gesehen, wie dick die Billa war, ehe die Jungen kamen.»

Nachmittags zog mich die Mutter zu sich und drückte meinen Kopf an ihren Bauch, der war dick und weich, und das Gefühl, in diese weiche Masse einzusinken, war mir unangenehm. Ich machte mich los.

Die Mutter hatte wieder rote Flecke im Gesicht. Sie sprach stockend: «Du wirst ein Brüderchen bekommen.» Seufzer. «Oder ein Schwesterchen.»

«Nein, keine Schwester, 'nen Bruder will ich.»

«Ein Brüderchen oder ein Schwesterchen. Und das wächst bei der Mutter unter dem Herzen.»

«Davon bist du so dick? Von so 'nem kleinen Kind?»

«Ja, und das ist etwas sehr Schönes. Darüber darf man nicht spotten. Auch niemals lachen, wenn du eine Frau mit dickem Bauch auf der Straße siehst. Wenn andere Kinder das tun, sind sie dumm und ungezogen. Frauen, die ein Kind erwarten, soll man helfen, die Tür aufhalten, den Einkaufskorb tragen oder die Milchkanne.» Ich versprach, auf Frauen mit dickem Bauch aufzupassen und ihnen den Einkaufskorb zu tragen. Oder die Milchkanne.

Die Mutter hätte ihre Ermahnungen gern fortgesetzt, aber die Frage, die sie hinausschieben wollte, ließ sich nicht länger unterdrücken: «Wie kommt das Kind aus dem Bauch raus?» Stille.

Dann: «Ja. Also. Neun Monate trägt die Mutter das Kind unterm Herzen . . .»

«Und dann, wo kommt's raus?» Stille. Leise, fast tonlos, sagte die Mutter: «Unten.»

«Wo unten?»

«Zwischen den Beinen», antwortete sie, jetzt flammend rot im Gesicht.

«Zwischen den Beinen? Durchs Pipiloch?» Ich krähte vor Empörung, und die Mutter versuchte mich zu beruhigen. Das sei vom lieben Gott so gewollt. Weh täte es, aber Frauen könnten viel mehr Schmerzen aushalten als Männer. Und wenn alles vorbei sei und das Kindchen gesund, dann sei die Mutter glücklich, aller Schmerz sofort vergessen. Die letzten Worte murmelte sie wie im Monolog. Fassungslos sah ich sie an. Dann verließ ich spornstreichs das Zimmer.

«Wo willst du hin?»

«Rüber, zu Kurt und Ernst.»

Die Tür fiel ins Schloß, ich raste die Treppe hinunter, raste über die Straße, als sei der Teufel hinter mir her, um die Ecke, in die Kempnerstraße, zu den Vettern. Der Tumult in der Wohnung war an diesem Nachmittag ärger als sonst. Großeltern und Tante saßen im Wohnzimmer. Wir spielten unsere wildesten Spiele. Blindekuh, Schweinemetzger, Walfischjagd. Bis Frau Rademacher mit dem Besenstiel an die Decke klopfte.

«Nägel unter die Schuhe? Du bist wohl verrückt. Mädchen tragen keine genagelten Schuhe.» «Aber Kurt und Ernst haben welche.» Ich beharrte auf Nägeln, kujonierte die Eltern, bis sie nachgaben. Meine schwarzen Stiefel, Marke «Petto», wurden zum Schuster gebracht. Mit blanken glatten Messingnägeln gespickt, bekam ich sie zurück. Sie hielten ja auch viel länger, meinte der Schuster.

Ich war glücklich. Hatte Schuhe wie meine Vettern.

Schuhe wie Jungen. Auf dem Terrazzoboden im Hausflur und auf der Treppe knallten die Nägel wie Schüsse. Ich trat so hart wie möglich auf. Fürs erste schien der Alptraum, eine Frau zu werden, gebannt.

# Das große M

Von unsrer Wohnung aus konnte man den Dom nicht sehen. Aber sein Schattenriß stand über der Kindheit, als hätten wir ihn doch gesehen, blaß, vor trübem Hintergrund, unverrückbar. Auch unsere ersten Schreibübungen überwachte er.

M wie Mama. M wie Mimi. M wie Maus. Zwanzig Griffel kratzten auf Schiefertafeln, rauf, runter, rauf. Im System der Sütterlinschrift nahm sich das große M wie ein Paar gleich hoher, gleich spitzer Türme aus. «Ihr müßt an den Dom denken», sagte die Lehrerin und malte das große M mit weißer Kreide auf die Tafel.

Auf dem Deckel unserer Fibel stand er auch, der Dom mit seinen Türmen, im Umriß vereinfacht, als großes M. «Domfibel» hieß das erste Schulbuch. Eine Qual war es, die vier Linien gleichmäßig schräg zu ziehen und gegeneinander zu lehnen. Ein-, zweimal gelang es, dann wieder nicht. Die Finger umkrampften den Griffel. Der Zeigefinger spannte sich wie ein Flintenhahn, wölbte sich zum Höcker, die Zungenspitze fuhr über die Oberlippe hin und her, die Finger der Linken wischten, zuerst trocken, dann mit Spucke fort, was nicht auf Anhieb geraten war, und hinterließen lichtgraue Schmierwölkchen. Eine Tafel voll M, das bedeutete eine Tafel voll krummer und schiefer, torkelnder und umnebelter Dömchen.

Und so geschah es in allen Volksschulen der Stadt. In ihrer Mitte und in den Vororten auf beiden Seiten des Rheins. Mit dem ersten Buchstaben, den sie schreiben lernten, prägte sich der Umriß des Doms in die Köpfe aller Kölner Abc-Schützen ein.

Wir durften nebeneinander sitzen, wie wir wollten. Freundinnen und Nachbarskinder, Kinder aus dem gleichen Viertel, in einer Bank. Aber wie unter magnetischem Zwang ergab sich bald eine dreigeteilte Ordnung. Die «Feinen» saßen vorn. Sie trugen Faltenröcke und Sweater, Kniestrümpfe und Haferlschuhe und Bubikopffrisuren im Pagenschnitt. Die Mütter hatten diese Mode den Kindern der englischen Besatzung abgeguckt und fanden sie fortschrittlich.

Dahinter kamen die Braven, in steif gestärkten, rüschenverzierten Schürzen, mit Zöpfen und Flechten und Schleifen auf dem Kopf. Sie hatten lange Strickstrümpfe an, und die Tafelläppchen, die am Tornister baumelten, waren täglich frisch gewaschen.

In der letzten Bank hockten, still aneinandergedrängt, Josepha und Mariechen in geflickten Kleidchen, die Geschwister aus der Obdachlosenbaracke, und Gertrud, die Sitzengebliebene, die keine von der linken Seite ansehen mochte, ohne zu denken oder zu sagen: «Äh, wie fies!» Gertrud hatte eine verbrannte Backe, das linke Augenlid war verzerrt, und die dünne, scharf gespannte Haut darunter schillerte dunkelrot und violett. Auch Marion, das Zigeunerkind, saß in der letzten Bank, das heißt, sie saß nie, sie rutschte dauernd auf dem Po, zappelte, sprang hoch und wurde oft ermahnt. Weil Marion schräge schwarze Augen hatte und Zöpfe wie Roßhaar, gefiel sie mir, ich nahm sie mit nach Hause und stellte sie als «meine beste Freundin» vor.

«Deine beste Freundin riecht nach Pferd», sagte die Mutter, als Marion gegangen war. Sie kam noch einmal, führte mir Spagat vor und Kopfstand und balancierte meinen roten Ball auf der Nase. «Den schenkst du mir», sagte sie freundlich grinsend, aber energisch. Ich wagte keine Widerrede.

Marion verschwand bald, zog im Wohnwagen fort mit Eltern und Geschwistern. Josepha und Mariechen und Gertrud blieben allein auf der letzten Bank. Allein auch auf dem Schulhof. Sie standen wie scheue Vögel, sahen zu, wie die anderen spielten. «Komm mit, lauf weg!» – «Es geht eine Zipfelmütz' in unserm Kreis herum.»

«Laßt sie mitspielen», sagte Fräulein Klein, die jüngste Lehrerin der Schule. Sie trug einen Herrenschnitt und kurze, gürtellose Kleider. «Laßt sie nicht abseits stehen», und sie schob die drei in unseren Kreis. Wir nahmen sie auf. Aber nur, solange Fräulein Klein die Aufsicht auf dem Hof führte. Danach standen sie wieder allein in einer Ecke, sahen mit hungrigem Blick den anderen zu, blieben allein auf der letzten Bank, blieben sitzen. «Vielleicht haben sie auch Läuse», tuschelten die anderen, die Feinen und die Braven.

Zu den Braven gehörte ich nicht. Ich zählte mich zu den Feinen, damals noch. Das große M, das wir so fleißig geübt hatten, tauchte um jene Zeit als Wahrzeichen über der Karriere des Vaters auf: groß, leuchtend, mit einer Welle zu Füßen, die den Rhein markieren sollte. Es war das Signum der Kölner Messe, die wir besuchen durften – die Mutter, die Vettern und ich.

Mein Vater hatte einen Stand auf der Landwirtschaftsmesse, führte Dreschmaschinen vor und verkaufte welche, unterhielt sich mit Männern in dunklen Anzügen, deren Ärmel zu kurz waren, die knollige braunrote Gesichter hatten, vorsichtig um die Maschinen herumgingen, wenig sprachen und lange zuhörten. Dann schrieb der Vater allerlei in ein dickes Heft und trank Sekt mit den Männern in einem rot-weiß gestreiften Zelt. Die Männer behielten die Hüte auf dem Kopf und die Spazierstöcke in der Hand.

Später kam ein kleiner Dicker in gestreifter Hose und schwarzem Jackett dazu, der eine goldgerahmte Brille trug und uns zuzwinkerte. Er schenkte uns saure Drops; der Vater nannte ihn «Chef». Sie schüttelten sich die Hände und beglückwünschten sich. Dann setzten sie sich auf Klappstühle ins Zelt und tranken wieder Sekt, die Mutter saß bei ihnen und trank Selterswasser. «Nicht weglaufen, Kinder. Ihr bleibt hier auf dem Gelände, verstanden?» Sie hatte mit dem Finger gedroht und versprochen, später mit uns zu den Pferden und Kühen zu gehn.

Wir wären gern sofort zu den Pferden und Kühen und Schweinen gelaufen, zu den mächtigen Ackergäulen vor allem, die geflochtene, mit roten Bändern geschmückte Mähnen hatten und kurze, hochgebundene Schwänze, und stampften und schnaubten und wieherten, während sie von starken Burschen hin und her geführt wurden. Weithin hallten die rollenden Namen der Prachttiere durchs Megaphon, und danach hörte man jedesmal Klatschen und Bravorufen. Rund um das Zelt aber, in dem Vater und Mutter und der Chef saßen, surrten und ratterten Motoren, Pumpen und Dreschmaschinen. Stundenlang liefen sie, zur Veranschaulichung des Fortschritts in der Landwirtschaft.

Ernst, der größere Vetter, hielt sich vor dem Zelt auf, zwischen Fahnen und Oleanderbäumen, und sah dem Strom der Besucher nach. Kurt und ich strichen um die größte Dreschmaschine herum. Sie lief auf vollen Touren. Ein rotes Seil, von Messingstützen gehalten, umspannte den Standplatz. Wir krochen drunter durch, eine schmale Eisenleiter führte auf die ratternde, bebende Maschine hinauf. Wir kletterten nach oben, ich voran, Kurt hinterher. Halb knieend auf dem Rand, halb schwankend, sah ich hinunter in die Reihen der rasenden, zuckenden, blitzenden Messer, gebannt vor Angst, angesogen von der Tiefe, unfähig, mich aus eigener Kraft wieder ins Gleichgewicht zu bringen.

In dieser Sekunde packte der Vetter meinen Rock, selbst Halt suchend, weil er mit dem rechten Fuß von einer der Leitersprossen abgerutscht war. Langsam, Sprosse um Sprosse kletterte ich zurück, stand neben ihm. «Geh da nisch rauf», sagte ich. Mir war speiübel. Hand in Hand gingen wir ins Zelt zurück. Als die Mutter mein bleiches Gesicht sah, meinte sie, ich hätte zu viele Drops gegessen. Ich blieb still bis zur Heimkehr.

Noch mehr Leute saßen jetzt im Zelt, tranken und prosteten dem Vater zu. Er war zum zweiten Chef des Werks befördert worden an diesem Tag, an dem ich über dem Abgrund, über den Messern der laufenden Maschine gehangen hatte.

# Unheimlicher Vogel

Die Angst vor der sekundenlangen tödlichen Bedrohung sank tief in meine Erinnerung ein. Sie verkapselte sich wie andre Kindheitserlebnisse auch und richtete weiter keinen Schaden an außer einem unvernünftigen, aber kaum zu bezähmenden Widerwillen gegen alles Maschinenwesen, gegen laufende Motoren vor allem, bei denen keine lenkende Hand zu sehen ist.

Die Eltern, die von unserem sträflichen Wagestück nichts ahnten, waren ausnahmsweise guter Laune seit jenem Nachmittag. Die Geschäfte der Firma blühten, der Vater war stolz auf seine Karriere, die Mutter schien zufrieden, die Stimmung zwischen beiden geläutert, geglättet.

Im rotsamtenen Fotoalbum mit den braunen Lederecken steckte ein Bild aus jener Zeit, das mir besonders gut gefiel, dem Vater aber gar nicht. Wenn ich drin blätterte, wurde er ärgerlich. Ich saß auf einem hölzernen Esel vor einer gemalten Landschaft mit Felsen, von denen Moosflechten herabhingen. Der Esel war langgestreckt, so daß auf seinem Rücken mehrere Personen Platz hatten. Vorn drauf thronte ich im Reitersitz, hinter mir, in einem langen, dunklen, faltenreichen Kleid, saß eine große, breite Frau im Damensitz. Sie lächelte, aber nur mit den Mundwinkeln, während das übrige Gesicht unbewegt blieb. Sie hatte ein langes Kinn und eine hohe Stirn und trug eine hochgetürmte, ondulierte Frisur und Ohrringe, die das Gesicht noch mehr in die Länge zogen. Es war die Frau des Chefs. Ortrude hieß sie.

Daß wir beide auf dem Esel sitzen durften, war für mich ein Vergnügen, für Frau Ortrude, der es schwergefallen war, auf den Esel raufzukommen, Ehrensache. So saß sie hoch über den anderen, während der Chef, der kleine dicke Herr Jacobs, vor dem Esel stand, krumm gebückt, die Zügel über die Schultern gezogen, als versuche er, das störrische Vieh mitsamt seiner schweren Last vom Fleck zu bringen. Vor dieser Gruppe saßen meine Eltern auf einer Bank aus Rohrgeflecht, aneinandergelehnt wie auf einem Hochzeitsbild. Die Mutter in einem weißen Leinenkleid, das Profil mit der kleinen Nase und dem blonden Nackenknoten in die Ferne gewandt, obwohl es keine Ferne gab in diesem Felszirkus aus Pappmaché. Vater daneben in Breecheshosen, Wanderschuhen, ein Bein übers andere geschlagen. Er hatte eine Schirmmütze schräg in die Stirn gedrückt und war dicht an die Mutter geschmiegt. So zärtlich hatte ich meine Eltern zu Hause nie gesehen.

«Dieser Gauner», sagte der Vater, wenn ich das Bild betrachtete. Die Beschimpfung galt dem dicken Herrn Jacobs, seinem Chef, den ich damals «Onkel» nannte. Er hatte mir Bonbons geschenkt und Luftballons und zu Ostern einen Schokoladenhasen. Mit Herrn Jacobs und seiner Frau Ortrude hatten die Eltern Freundschaft geschlossen und Ausflüge gemacht, an die Mosel, an die Ahr – da stammte das Bild mit dem Esel her. Und ich war manchmal mitgenommen worden, auf Geschäftstour in die Eifel, in die Dörfer, wenn Herr Jacobs und der Vater den Bauern Dreschmaschinen verkauften. Mit in die Häuser sollte ich nicht.

Wenn die beiden Männer zurückkamen, sahen sie sich mit zusammengekniffenen Augen an, als müßten sie sich das Lachen verbeißen. Vorsichtig stapften sie über braune Rinnsale, die vom Misthaufen über die dicken Pflastersteine liefen. Im Auto besahen sie sich ihre Hosenbeine, die verspritzt waren, und sprachen halblaut über ihre Geschäfte. Einmal holten sie mich doch mit ins Haus; die Verhandlungen dauerten länger als sonst. Dorfkinder standen um das Auto herum, bestaunten es wie ein Monstrum, sahen mich an, neugierig, feindselig. Sie fragten allerlei, ich verstand sie nicht und nickte nur.

Drinnen in der niedrigen Küche roch es nach Holzfeuer und angebrannten Kartoffeln, und dicke Fliegen surrten über den Kopf. Ein klebriger, honiggelber Streifen hing von der Gaslampe herunter, mitten über dem Tisch, voll toter Fliegen, manche zappelten noch. Herr Jacobs, mein Vater und der Bauer tranken Schnaps und Kaffee, und die Bäuerin, die am Herd geblieben war, brachte mir eine große Tasse Milch. Sofort war der Rand mit Fliegen besetzt. Ich mochte nicht trinken, sah aber zu, wie der Bauer seinen Schnurrbart zwischen die Fliegen schob und schlürfte. Danach tunkte er ein Stück Brot in die Tasse, von der die Fliegen immer wieder aufflogen, um sich in nächster Sekunde auf den Rand zu setzen. Er schluckte abwechselnd Kaffee und Schnaps und schmatzte. Mich sah er mit seinen blauen, glitzernden Augen belustigt an.

Ich durfte die Kühe im Stall sehen, die bis zum Bauch im Mist standen, und die dicke, schwarzgrau verkrustete Sau im engen Verschlag, die grunzte und den Rüssel hob, so daß ich in die großen nassen Nasenlöcher blickte. Mir war ziemlich schlecht vom stickigen, säuerlichen Geruch, der aus dem Schweinetrog aufstieg. Was da alles drin schwamm! Altes Brot, Kartoffelschalen, Gemüsereste in einer trüben, zähen, braungrauen Brühe. «Bäh, wie ekelig.»

Als wir wieder draußen waren, standen die Kinder immer noch um den Wagen herum. Die Größeren hielten die Kleineren an der Hand, die in langen dunklen Kitteln, Schnuller im Mund, mit den nackten Füßen im Mist standen.

Die ganze Zeit über saß Herr Ruppert, der Chauffeur, stumm auf seinem Sitz. Er saß erhöht, der Wagen war ein Cabriolet von Daimler-Benz mit Polstersitzen aus schwarzem Leder. Das Verdeck war heruntergeklappt, Ruppert sah geradeaus, als nähme er die Kinder nicht wahr, aber er beobachtete sie im Rückspiegel und paßte auf, daß keins zu nah an die glänzende Karosse herankam. Seine dunkelgraue Livree war hoch zugeknöpft mit blanken schwarzen Knöpfen, seine Mütze saß schnurgerade über den Augenbrauen. Immer, wenn Ruppert warten mußte, erstarrte er auf seinem Fahrersitz, als sei er ausgestopft.

Jetzt warf er mit der Kurbel, die er neben sich liegen hatte, den Motor an. Das mußte eine schwere Arbeit sein, denn er stöhnte dabei. Dann jaulte der Motor auf, der

Wagen zitterte, die Kinder stoben kreischend auseinander. Wir polterten durch die Gassen. Ruppert hupte unentwegt. Mit dem tiefschnarrenden Hornsignal scheuchte er die Hühner auf. Sie flatterten hoch und von einer Straßenseite auf die andere und gackerten wie in Todesnot.

«Fahren Se um Gottes willen vorsichtig, Ruppert, fahren Se langsam», mahnte Herr Jacobs. «Sie wissen doch, die Bauern ärgern sich über die Autos. Die rächen sich für jedes totgefahrene Huhn.»

Die Heimfahrt führte über dämmrige Chausseen. Ich war müde. Aber mit der Müdigkeit kam die große Angst über mich. Ich riß die Augen gewaltsam auf, um noch in der Dämmerung zu erkennen, was draußen los war. Mein Herz klopfte wild. Auf dem Ausflug an die Ahr nämlich, als wir heimfuhren im Dämmerlicht, hatte Frau Ortrude der Mutter zugeflüstert: «Scharfe Drähte spannen die, quer von Baum zu Baum. Leute, die dagegenfahren, kriegen glatt den Hals durchgeschnitten.» War's ein Gerücht? Ein Ammenmärchen? Frau Ortrude erzählte gern gruselige Geschichten, und ich glaubte sie.

Der Vater bestellte die «Kölnische Zeitung» ab. Er nannte sie «reaktionär». Die «Rheinische» kam ins Haus. Sie sah nicht so vornehm aus wie die «Kölnische», war kleiner, hatte auch Zeichnungen mitten im Text. Ein großer häßlicher Vogel fiel mir auf mit nacktem Hals, krummem Schnabel, scharfen Krallen. Er spreizte seine Flügel, die Federspitzen troffen von sudeliger Brühe wie von Blut. «Was'n das für'n Vogel?» – «Ist kein richtiger Vogel, ist der Pleitegeier.» Weiter erhielt ich keine Erklärung. Der Vater war schlechter Laune. Das Wort «Pleite» tauchte täglich auf in den Gesprächen der Eltern mit Freunden und Nachbarn, in den Disputen mit den Verwandten.

Eines Nachmittags kam der Vater überraschend früh nach Hause, aschfahl im Gesicht. Er legte seine Aktentasche auf den Küchentisch, ließ sich auf einen Stuhl fallen und bedeckte das Gesicht mit beiden Händen.

«Was ist passiert, Karl?» Der Blick der Mutter flackerte vor Angst. Sie griff nach seinem Oberarm: «Was ist passiert?»

«Der Jacobs, der Schuft . . .» Stoßweise kam es heraus. «Schuft, Schuft. Hat uns belogen . . . bis zuletzt. Konkurs, Pleite!»

Die Mutter schwieg. Ich hörte ihren Atem.

«Und weg, getürmt.»

«Ja . . . und?»

«Was heißt ja und? Pleite. Alles weg. Betrügerischer Konkurs. O dieser Schuft.» Die große weiße Küchenuhr tickte lauter als sonst.

«Und was wird mit uns?»

«Weiß nicht. Laß mich in Ruh.»

Tagelang verzog sich der Vater ins Herrenzimmer, brütete im Qualm seiner Zigarren. Keiner durfte ihn ansprechen. Die Mutter hatte gerötete Augen und einen mächtig runden Bauch. Sie brachten mich zu meinen Vettern in die Kempnerstraße, als das Kind geboren wurde. Es war ein Mädchen, sah faltig aus und schrie. Ich wunderte mich über die winzigen rosa Fingerchen und maulte, weil es kein Brüderchen war.

«Armes Wurm», murmelte der Vater. «In so 'ner Zeit geboren werden.»

«So was dürfen Sie nicht denken», sagte der Doktor, unser Hausarzt. Er ging vorgebeugt und hatte schlohweißes Haar. «Unser Leben steht in Gottes Hand. Das Kind ist gesund, und Ihre Frau ist gesund. Mehr dürfen Sie im Augenblick nicht verlangen.» Der Mutter, die blaß in hochgetürmten Kissen lag, nickte er ermunternd zu, schrieb etwas für die Hebamme auf und legte es auf einen Tisch, der extra aufgestellt worden war im Schlafzimmer der Eltern. Er war beladen mit Schüsseln, Wännchen, Mulltüchern und Watte und einer Flasche Lysoform, die einen säuerlichen Geruch verströmte. Dann schloß er den kleinen kastenförmigen Koffer, den er immer bei sich trug. Für ein paar Augenblicke lag seine Hand lästig, wie eine zu warme Kappe, auf meinem Kopf.

# Das geschundene Brot

Zu den einfachen Besorgungen, die wir Kinder zu erledigen hatten, gehörte es, Brot zu kaufen. Genaugenommen, wir kauften es nicht, sondern holten es nur ab beim Bäcker Ermes in der Merheimer Straße. Oft gingen wir zusammen, der Vetter Kurt und ich, aber manchmal ging auch jeder allein, je nachdem, wie es notwendig war. Die Mütter bezahlten am Ende des Monats.

Brot holen beim Bäcker Ermes war beliebt. Sein Oberländer-Graubrot – kein Mensch wußte, warum es so hieß – war das beste weit und breit. «Schön locker und gut durchgebacken», diesen Spruch mußten wir jedesmal aufsagen, ehe uns die Bäckersfrau den zweieinhalb Pfund schweren Laib über die Theke reichte. Warm, wie atmend, nur mit dünnem Seidenpapier umwickelt, lag er unter dem Arm und duftete verführerisch. Am unteren Ende war die Rinde fast immer aufgeplatzt, und zwischen goldbraunen, schwellenden Rändern quoll noch die warme Krume in leichter Wölbung hervor. Der Reiz war unwiderstehlich. Die Finger tasteten die Ränder ab, die winzigen Spitzen, Zacken und Riffs, eine Miniaturlandschaft voller Verlockungen. Stückchen um Stückchen bröckelte ab, schob sich wie von selbst in den Mund und löste sich, genüßlich hin- und her gekaut, auf der Zunge auf. Bald sah das Brot aus wie von Mäusen angefressen, und da die Tat nun nicht mehr zu leugnen war, bohrte der Zeigefinger sich weiter ins Innere, bis ein Loch entstanden war, dessen Anblick uns plötzlich ins Gewissen fuhr. Der Rest des Heimwegs wurde in leicht beklommener Stimmung zurückgelegt.

Wie oft waren wir ermahnt worden, das Brot heil heimzubringen! Nach jeder Schimpfkanonade versprachen wir Besserung, hielten unser Versprechen aber selten. Und wenn wir, zu zweit losgeschickt, uns gegenseitig ermahnt und uns bezähmt hatten, so war dies mit der Aussicht auf ein Sonderlob geschehen.

An jenem schwül-diesigen Nachmittag im August war ich allein, spürte mein warmes Oberländer-Brot unter dem linken Arm, wurde schwach, pulte, knabberte und kaute, riß ein paar kleinere und ein paar größere Placken aus der Kruste, nahm endlich den Schaden wahr und erschrak: Mein blank-braunes Brot sah am hinteren Ende aus wie von Räude befallen. Bekümmert setzte ich den Heimweg fort, zögerte aber an jeder Straßenecke, trödelte, blieb stehen, sah Kindern zu, die «Himmel und Hölle» spielten. Ein Mädchen mit roter Schleife im Haar hüpfte auf einem Bein über die Kreidestriche, die sorgfältig auf das Trottoir gemalt waren, an vielen Kästchen vorbei, von denen eins als «Hölle» galt, und schleuderte zugleich mit dem Fuß einen rasselnden Schlüsselbund mitten in den «Himmel». Gewonnen! (Ach, ich hätte mich im siebten Himmel gefühlt, wäre nur ein Zauberer gekommen und hätte mein Brot heil gemacht.)

Eine Männerstimme scheuchte mich aus meiner Versunkenheit auf.

«Komm, Kind, du mußt mir mal helfen.»

Ich drehte mich um. Ein langer, magerer Mensch mit dunkler, tief in die Stirn gezogener Kappe stand neben seinem Fahrrad.

«Halt mir mal die Tür auf.» Er sah mich fordernd an.

«Laß dich nie auf fremde Männer ein», hatte die Mutter gesagt und sagte es immer wieder. In den Zeitungen standen schaurige Geschichten von Unholden, Sittenstrolchen, abartigen Kerlen. Und einer von dieser Sorte triebe sich im Norden Kölns herum. Kinder, besonders Mädchen seien gefährdet. Und die Mütter sollten sie aufklären, warnen, auffällige Beobachtungen der Polizei mitteilen. Ein Alarmsignal surrte in mir, aber nur kurz und leise, dann siegte die Eitelkeit, der Wunsch, das höfliche, hilfsbereite Kind zu spielen. Auch kam die Gelegenheit gerade recht, den peinsamen Heimweg hinauszuzögern.

Ich ging mit dem Mann und seinem klapprigen Fahrrad ein paar Schritte weit in die kurze Nebenstraße, die die Merheimer mit der Siebachstraße verbindet. Arbeiterhäuser standen dort, die den nahen Eisenbahn-Reparaturwerkstätten gehörten. Manche der Häuser waren halb oder ganz leer. Familien von Arbeitslosen konnten die Miete nicht mehr bezahlen, waren gekündigt und in Obdachlosenbaracken untergebracht worden.

Vor einem dieser Häuser machte der Mann halt, sah an der düsteren Wand hinauf und hinunter und zog die Haustür auf, die sich zur Straße hin öffnete.

«Stemm dich dagegen, damit sie nicht wieder zufällt!» sagte er, ging um sein Rad herum, um es mit der linken

Hand zu führen, schubste mich mit der rechten vorwärts in den Flur und zog schnell die Haustür zu.

Der Flur war schmal und dunkel wie eine Schlucht, nur eine dunkelblau getönte Glühbirne brannte im Hintergrund, wo eine steile Holztreppe zum Obergeschoß führte. Dahin zerrte mich der Mann.

«Komm, du bist doch lieb, ich zeig dir was Schönes.» Er horchte und spähte nach oben, hielt mich fest, hockte, da alles still blieb, vor mir nieder und betastete Beine und Knie. Die Alarmglocke in mir schrillte laut. Als er mit zittrigen Händen unter den kurzen Faltenrock fuhr und das Gummiband des Schlüpfers herunterziehen wollte, schrie ich aus Leibeskräften: «Laß mich los, laß mich los!»

«Ach, dummes Kind, halt doch still, ich tu dir ja nicht weh. Ich will dir nur was Schönes zeigen.»

«Laß mich los, sofort . . .»

In diesem Augenblick donnerten Fäuste, trommelten Füße von draußen gegen die Haustür, schrien Kinder im Chor: «Kumm errus, kumm errus, datt es enn Sau, datt is 'nen Kinderverderber.»

Noch hielt der Mann mich fest, ich zappelte und schrie, er flüsterte heiser: «Sei lieb, sei artig.» Da trat ich mit aller Kraft mit meinen genagelten Stiefeln gegen seine Knie. Er taumelte und ließ mich wütend fahren.

«Hau ab, du böses Ding, mach daß du rauskommst!»

Ich riß die Tür auf, schoß auf die Straße, stand unter johlenden Kindern, den Siebachstraßen-Kindern, mein Brot immer noch fest unter den Arm geklemmt. Neben einem langen, blassen Jungen mit zerflickter Jacke fühlte ich mich sicher.

«Hätt dä dir watt jedonn?»

Ich schüttelte den Kopf. Ohne Absprache blieben wir stehen und lauerten, bis die Tür aufsprang. Der Mann fegte hindurch, schwang sich auf sein Rad; wie auf Kommando rasten die Kinder hinter ihm her. Ich mit, obwohl noch ziemlich verdattert und dumpf im Kopf. Andere schlossen sich an und alle brüllten: «Ahl Sau, ahl Sau, Kinderverderber, Kinderverderber.»

Wir rannten, stolperten, keuchten und schrien uns die Lunge aus dem Hals. Krumm auf seine Lenkstange gebeugt, trat der Mann hastig und heftig in die Pedale, trat und strampelte um sein Leben. Kein Erwachsener kümmerte sich um uns, rennende und johlende Kinder war man gewohnt in diesem Viertel. Endlich hatte er die Meute abgehängt, dort, wo die Bebauung aufhörte und die Straße sich zwischen Schrebergärten und Grünanlage verlor. In der Dämmerung zerfloß die gekrümmte Gestalt auf dem Fahrrad.

Die Kinder der Siebachstraße zerstreuten sich. Die Gaslaternen begannen zu glimmen. Bläuliche Lichtpfützen malten sich auf den Asphalt. Hauseingänge füllten sich mit Schattennestern. Ich schlich heimwärts. Zerzaust, erschöpft kam ich an. Im Treppenhaus, noch vor der Korridortür empfing mich die Mutter, aufgeregt, rot vor Angst und Ärger: «Wo warst du, wo bist du geblieben? Über 'ne Stunde warst du fort!» Da erzählte ich mein Abenteuer, langsam, umständlich, haarklein. Galt es doch, die Aufmerksamkeit vom geschundenen Brot abzulenken.

Die Mutter stürzte ins Herrenzimmer, redete hastig auf den Vater ein, packte mich bei der Hand und ging mit mir zum Polizeikommissariat in die Kempener Straße. Die

Schutzmänner kannten die Kinder aus der Nachbarschaft, auch die Vettern und mich, weil wir gern vor dem Kommissariat Fußball spielten. Die Straße war dort breit wie eine Allee, von Akazien gesäumt, zwischen die wir Schnüre spannten, um ein provisorisches Spielfeld abzugrenzen. Gelegentlich flog der Ball ins Fenster des Kommissariats, und die Eltern mußten fünf Reichsmark für die zertrümmerte Scheibe zahlen.

Ein eisgrauer Wachtmeister empfing uns, verdutzt, weil es schon Abend war, begrüßte die Mutter und sagte bärbeißig freundlich zu mir: «Na, du!»

Doch während die Mutter sprach, leise, stockend, den Tränen nahe, erstarrte sein Gesicht. Er rief einen jüngeren Beamten aus dem Nebenzimmer, schob ihm Papier und Schreibzeug hin, rückte seine Brille auf die Nasenspitze und sah mir über die Gläser hinweg prüfend in die Augen.

«Nun, erzähl du mal, wie der Mann aussah, und was er . . . was er mit dir . . . gemacht hat. Aber ganz genau, der Reihe nach.»

Die Beschreibung fiel dürftig aus. Ich erinnerte mich an die Schirmmütze des Mannes und an seine zusammengewachsenen Augenbrauen. «Und 'ne graue Windjacke hat er angehabt.» Und sein Fahrrad sei alt und rostig gewesen. «Und hat fies geklappert.»

Schirmmütze und graue Windjacken wurden damals viel getragen, vor allem von Arbeitern, und wenn sie ein Fahrrad besaßen, dann war es häufig ein altes, klappriges. Noch unbrauchbarer mag der zweite Teil meines Berichtes ausgefallen sein. Ich sprudelte eifrig daher, im Grunde immer noch besorgt, daß nicht die Blamage mit dem Brot zur Sprache kam, aber auch, um meine Heldentat ins rechte Licht zu rücken: den Tritt mit den genagelten Schuhen, die ich dem Wachtmeister zur Bestätigung vorwies. Verdrängt war, für den Augenblick wenigstens, die Höllenangst, die ich ausgestanden hatte, obschon ich nicht ahnte, was mir der Mann eigentlich hatte antun wollen. Es wurde mir auch später nicht erklärt.

In meinen Träumen aber kehrte die Angst eine Zeitlang regelmäßig wieder. Da kämpfte ich mit einer dunklen, glibbrigen, wolkigen Masse, die mich nicht loslassen wollte, so verzweifelt ich auch dagegen trat. Ich hing fest mit dem Fuß, riß ihn los und trat von neuem. Ich schrie wohl manchmal in der Nacht und sah tags darauf blaß aus, und die Mutter gab mir «Dr. Scotts Lebertran», der widerlich schmeckte. Aber viele Kinder bekamen vorsorglich Dr. Scotts Lebertran wegen ihrer Blässe. Auch behielt ich bis ins Erwachsenenalter einen tickhaften Abscheu gegen Männer mit zusammengewachsenen Augenbrauen.

Von dem, was der alte Wachtmeister, zwischen den Zähnen murmelnd, mit meiner Mutter sprach, als sie aufgestanden war und gehen wollte, verstand ich kaum etwas. Nur an die Worte «schlimme Zeiten» und «Schutzengel» glaube ich mich erinnern zu können.

Ob es mit meinem «Fall» zusammenhing, daß danach in der Familie, in der Verwandtschaft und in der Bekanntschaft wieder einmal heftig über die Todesstrafe gestritten wurde? «Solche Dreckskerle», hieß es beim Skat, «gehören hinter Gitter. Ins Zuchthaus. Lebenslänglich.» – «Ha, die auch noch füttern? Wenn ich zu sagen hätte, Kopf ab, ohne Pardon . . .» – «Nein, nein, nein. Ich bin grundsätzlich gegen jede Todesstrafe. Grund-sätz-lich!»

Der Vater dehnte das Wort, betonte jede Silbe, legte die

Pfeife, die er beim Skatspielen rauchte, in den schwarzen Marmoraschenbecher und haute seine Karte – war es Pik-As oder Herz-Bube? – knallend mitten auf den Tisch.

# Hohe Straße

Ein Riesenfräulein auf Schlittschuhen prangte an der Giebelwand des Wohnhauses. Es fuhr, auf einem Bein stehend, das andre waagrecht nach hinten gestreckt, mit ausgebreiteten Armen auf den Betrachter los, trug ein pelzverbrämtes Röckchen, eine Pudelmütze und ein zukkersüßes Lächeln im rosigen Gesicht. Der Vater war jetzt Vertreter für «Veedol», das neue amerikanische Autoöl. Er hatte das große blecherne Reklameschild anbringen lassen. Das Schlittschuhfräulein warb für Veedol, weil es flott und glatt dahinglitt, wie ein Auto, das mit Veedol geschmiert war. Hubbard, der Karrenhändler, Kohlenträger, Eckenpisser, hatte das Schild akkurat mit Dübeln an der Brandmauer befestigt. Es glänzte triumphierend in seinen frischen Emailfarben, während auf einem Plakat hoch darüber eine Riesendame in weißem Sommerkleid mit weißem Hut ein Paket Persil andächtig über eine grüne Wiese trug. Den oberen rechten Zipfel hatte der Wind erfaßt und halb zerfetzt.

«Hubbard hat seine Sache ordentlich gemacht. Da steckt 'n guter Kern drin», behauptete der Vater. Man müsse ihn nur richtig behandeln, «nicht von oben runter».

Daß er arbeitslos sei, dürfe man ihm nicht zum Vorwurf machen.

«Das kann heute jedem passieren.»

Der Vater hatte ein Ehrenamt angenommen, war Pfleger bei der sozialdemokratischen Arbeiterwohlfahrt. Die Mutter maulte. Er sollte in seiner freien Zeit lieber was lernen, um voranzukommen. Französisch zum Beispiel. Französisch war ein Zauberwort für meine Mutter, Zeichen feinerer Erziehung, das Sesam, öffne dich! zum Erfolg jeder Art. Im Ursulinenpensionat hatte sie Französisch gelernt, gerade so viel, um eine bescheidene Konversation führen zu können. Was, zum Kuckuck, sollte der Vater damit – als Ölvertreter?

«Feingetue. Höhere Töchterticks, unausrottbar», grollte er und sog wütend an seiner Zigarre, die billig war und schlecht gewickelt.

Aber auch Schwester und Schwager rümpften die Nase: «Du mit deinem Linksdrall.» Unsereiner gehöre da nicht hin, zu den Sozis. Was die denn wollten? Nur alles gleichmachen. «Nur der pure Neid steckt dahinter. Sie neiden uns den weißen Kragen.» Onkel Ludwig reckte sich vor seinem Schreibtisch, über dem ein großes Bild von Hindenburg hing. Ein Ripsbändchen, schwarz-weiß-rot gestreift, zog sich schräg über die rechte untere Ecke des Rahmens.

Fremde kamen in unsere Wohnung am Abend. Sie hockten am Eßtisch in der Küche, redeten, fragten und klagten. Hatten kein Geld für Kohlen, konnten die Schuhe ihrer Kinder nicht besohlen lassen, mußten – das war das Schlimmste – ins Obdachlosenasyl ziehen, weil sie die Miete schuldig geblieben waren. Der Vater füllte Formulare aus, schrieb Briefe, nannte ihnen Ämter und Namen. Eine Frau namens von Koenigs nahmen wir für ein paar Tage auf. «Haben sie rausgesetzt, einfach auf die Straße. Die Möbel verpfändet. Der Mann sucht Arbeit. Vielleicht als Chauffeur.»

Frau von Koenigs kam mit einem winzigen Köfferchen und schlief auf der Chaiselongue im Flur. Sie half in der Küche, war blaß und zittrig und ungeschickt. Die habe auch mal bessere Tage gesehen, sagte die Mutter. Sie ging mit Frau von Koenigs um wie mit Porzellan. «Ich kenn das. Ich weiß, wie das ist.»

Von «besseren» Tagen redeten die Leute viel. Die Toilettenfrau im Café Eisenmenger, die soll eine russische Großfürstin sein . . . So eine hat früher Brillanten und Perlen getragen, ist sechsspännig gefahren. Und muß nun Klobrillen putzen. Schrecklich . . . Die haben ja auch früher ihre Leute bis aufs Blut gepiesackt . . . Aber eine einzelne Frau kann doch nichts dafür . . .

Ich war neugierig. Eine Grauhaarige, im weißen Kittel mit weißem Häubchen und müden blauen Augen hinter der Nickelbrille. Sie saß neben einem Tischchen, auf dem ein Unterteller voll Fünfer und Groschen stand, wie überall auf den Klos in besseren Cafés. Nichts Besonderes dran. Vielleicht die dünnhäutigen, weißen Hände? Und sah sie nicht vorwurfsvoll leidend aus? Auf jeden Fall mühte ich mich, höflich zu sein. Beim Rausgehen machte ich einen Knicks, vor der Klofrau im Café Eisenmenger. Wer weiß, ob sie eines Tages wieder auftauchte, erlöst vom Pi-Geruch, zurückverwandelt in eine Brillanten tragende Großfürstin? Vielleicht erinnerte sie sich dann an das nette, extra höfliche Kind?

«Matsch nicht so! Tu die Füße runter! Man kann nirgendwo mit dir hingehen, ohne sich zu blamieren.» Die Mutter sah ärgerlich auf meinen Teller. Ich hatte den Mohrenkopf mit der Kuchengabel zerdrückt, die Sahne quatschte raus, kleckerte auf den Polsterstuhl, auf dem ich, wie gewohnt, mit untergeschlagenen Beinen hockte. So übersah ich das Terrain. Sie hätten es schwer mit mir – darin wenigstens waren die Eltern sich einig. Trotzdem nahmen sie mich mit zum Einkauf in der Hohen Straße. Es war das letzte Ritual aus besseren Zeiten, das einmal in der Woche, mindestens aber einmal im Monat vollzogen werden mußte.

«Daß ihr euch so was noch leistet», monierte Tante Lisbeth. «In euren Verhältnissen, müßtet doch jeden Groschen umdrehen.» Zum Trotz ging der Vater hin. Die Mutter gab zögernd nach. Mich hatten sie rechts und links gepackt mit fester Hand, damit ich nicht verlorenging in der Menschenmenge, die durch die schmale Straße wogte, unaufhaltsam, in beiden Richtungen, bei Sonnenschein und Regen.

Regen in der Hohen Straße! Er troff hier kräftiger als anderswo, fiel, vom Wind ungestört, in senkrechten Strähnen in den schmalen Schacht zwischen hohen, üppig geschmückten Gründerjahr-Fassaden. Eingefangen in der dunklen Unterwelt, zwischen Hosenbeinen und Mänteln, die nach Nässe rochen, trottete ich mit, die Schirme über meinem Kopf wie ein einziges wanderndes schwarzes Dach.

Was suchten die Eltern hier? Vor den Schaufenstern der eleganten Geschäfte blieben sie stehen. Der Vater begierig, die Mutter widerstrebend, nervös, betrachteten sie die Auslagen. Seidene Pyjamas, Krawatten, Silberzeug. Chinaporzellan. Handschuhe aus Glacéleder, Kaschmirschals, Lackpumps, Baskenmützen und Glockenhüte, Capes aus Silberfuchs, brillantbesetzte Armbanduhren. Die Welt der oberen Zehntausend.

Sie sahen hin, schüttelten die Köpfe. Wahnsinn, Wahnsinn, was für Preise! Die Mutter atmete auf, wenn der Vater weiterging. Die Ladenbesitzer, die in der offenen Tür auf Kundschaft lauerten, sahen uns teilnahmslos nach. Ein paar lebhaft angemalte Fräuleins, die auf Stöckelschuhen vorbeiflanierten, in kurzen, engen Röcken, mit kleinen, schräg sitzenden Kappen, an denen winzige Schleierchen befestigt waren, interessierten sie mehr. «Flittchen», sagte die Mutter, «trauen sich schon bis in die Hohe Straße.» Und sie näselte empört über jene Fräuleins, die ich besonders schick fand.

Duft von frisch geröstetem Kaffee strömte weit in die Straße und lenkte sie ab. Der Laden hieß «Zuntz sel. Wwe.». Im Schaufenster stand ein Mohrchen mit Kulleraugen, die nach rechts und links rollten. Im Takt dazu klopfte es mit einem weißen Stäbchen an die Scheibe. Da zerrte ich die Eltern hin.

Das Mohrchen stand zwischen runden, flachen Körben voll Kaffeebohnen, großen, sanft hellbraunen, kleineren, prallen, in Knusperfarben, perlgroßen, lackschwarz glänzenden und mattgrünen – die waren noch nicht geröstet.

Vor dem Fenster debattierten die Eltern. Java? Costa Rica? Türkischer Mokka? «Ein Pfund.» – «Nee, lieber 'n halbes.» – «Lohnt nicht, kauf ein ganzes. Kommen wir übern Hund, kommen wir übern Stätz.» Das war Vaters Devise, wenn wir in die Hohe Straße gingen.

Sein vergrämtes Gesicht straffte sich, wenn er auf die Tür des Zigarrenladens zuschritt. In das Haus der weltberühmten Importe, wo hinter der geschwungenen Theke aus Ebenholz zwei Herren in dunklen Anzügen standen, als hätten sie ihn erwartet. Ihn, den Kenner. Reihenweise wurden Kistchen aufgeklappt – bunte Bildchen mit Indianerjungen klebten innen auf dem Deckel. Dunkle, helle, sandfarbene und fehlfarbene, dicke und schlanke Importe präsentierten sich, mit glänzenden Banderolen geschmückt.

Der Vater ließ sich sein schwarzes Lederetui füllen. «Und eine zum Anzünden?» Bitte sehr. Die Spitze wurde abgezwackt, die einzelne dicke Sandfarbene überreicht. Ich bekam die Banderole. Der Vater rollte die Zigarre zwischen den Fingern, roch am Deckblatt und zündete sie an einer der kleinen Gasflammen an, die den ganzen Tag über auf zierlichen Messingkandelabern züngelten, wie Opferkerzen auf dem Altar. Beschwingt schritt er hinaus, die beiden Herren dienerten hinter ihm.

Draußen wartete die Mutter, eine steile Falte auf der Stirn. Noch ein Einkauf war unerläßlich. Die Mettwurst von Kammerer, der besten Metzgerei in Köln. «Da geht nichts drüber.» Weil die Leute in drei Reihen vor der Theke warteten, hatte ich Muße, die Gipsmadonna zu bewundern. Sie stand auf einem Brettchen über der Kasse, rosa und himmelblau gewandet, süß lächelnd, auf dem Arm das Jesuskind im Nachthemd, mit segnend erhobenen Händchen. Genau drunter saß die dicke Metzgersfrau auf einem Podest, nahm das Geld ein, drehte die Kurbel der Kasse, gab das Restgeld heraus, so schnell, daß ihr Blick nur zwischen Scheinen und Münzen hin und her flitzen konnte. Die Kunden sah sie nicht an.

Zum Besuch bei Eisenmenger reichte es nicht mehr, diesmal nicht und später auch nicht. Unsere Ausflüge in die Hohe Straße wurden seltener. Und wenn sie noch stattfanden, endeten sie im Kaufhaus Tietz, im Erfrischungsraum auf dem vierten Stock. Er war grün gekachelt wie ein Badebassin, man saß auf Metallhockern, an Metalltischchen und bestellte an der Bar. «Ein Kaffee und ein gemischtes Eis zu fünfzehn, bitte.» «Und mir bitte ein Glas Wasser.»

Lichterketten, zuckende Leuchtschriften flammten auf, blitzten und funkelten grün, rot, golden an den Fassaden, auf den Dächern, strahlten den düsteren Himmel an. Wir gingen heim. Hinter uns lockte Ali Babas Schatzhöhle. Wurst, Kaffee, Zigarren, vielleicht noch Gummiband und ein paar Wollsocken von Tietz lagen am Abend auf dem Wachstuch in der Küche. Ernte eines langen, umständlich inszenierten Nachmittags, voller Wünsche und tausend Versagungen. Trophäen aus einer feineren Welt, zu der wir längst nicht mehr gehörten.

# Die Quote

Wozu gehörten wir eigentlich? Mußte man immer zu gewissen Leuten gehören, die sich von anderen gewissen Leuten unterschieden, von feinen, mittelfeinen oder gar nicht feinen? Von den oberen Zehntausend, von mittleren und unteren Schichten hörte ich reden, und es klang so, als ob man von oben nach unten fallen könnte wie durch einen faulen Fußboden. Die Streitsucht meines Vaters schien damit zu tun zu haben und die Angst meiner Mutter, die glaubte, mit Fleiß könne sich einer «nach oben» bringen, langsam, aber sicher wie der fleißige Schwager Ludwig oder rasch, wie der energische Schwager Arthur, während der Vater ihr immer wieder zu erklären versuchte, daß die schlimme Zeit, in der wir lebten, und die verkehrte Politik an unserem Abrutsch schuld seien.

«Ich küsse Ihre Hand, Madame / und träum', es wär Ihr Mund. / Ich bin ja so galant, Madame, / und das hat seinen Grund.» Eine dünne Tenorstimme, begleitet von zaghaftem Geigenspiel, drang vom Hof zu den Balkonen hoch. «Der vierte heute.» Die Mutter wickelte einen Groschen in Zeitungspapier und warf ihn in den Hof. Der Mann da unten hatte den Hut abgenommen, grüßte und winkte und sah prüfend an den Fenstern und Balkonen hoch. Noch ein paar eingewickelte Groschen fielen herunter. Er bückte sich, schwenkte den Hut. «Danke. Danke. Vielen Dank, meine Dame. Vielen Dank.» Ein schmales, intelligentes Gesicht. Und ein schlotterndes, schäbiges Jackett. Wenig später hörten wir ihn im Hof des Nachbarhauses singen, und dann im nächsten, im übernächsten Hof. Zuletzt verhallten die Töne als leises Gewimmer.

Die Schlange vor dem Wohlfahrtsamt, das in unserer Schule untergebracht war, reichte über den Flur nach draußen bis weit in die Straße. Der Adenauer sei daran schuld mit seinem schwarzen Klüngel. Die Sozialdemokraten wichen aus, die ließen sich alles gefallen in ihrer Schafsgeduld. «Wenn ich . . .»

Der Vater fuchtelte und predigte am Abend eines Familiengeburtstages. Onkel, Tanten, Großvater und Großmutter, Schwager und Schwägerin, so zerstritten sie waren, saßen in gezwungener Geselligkeit vereint vor gefüllten Puddingschüsseln, die Gesichter heiß von Empörung und Wein. «Was willst du? Willst du, daß die Roten rankommen?» Die Frage von Schwager Ludwig klang wie eine Drohung, und die Antwort des Vaters wie eine Kampfansage. «Ja, das will ich. Schluß mit dem Zentrumsklüngel. Unsere Steuern schmeißen sie zu Tür und Fenster raus. Und wer wird fett dran? Die Unternehmer.»

«Die Bauunternehmer meinst du. Sag's doch gleich.» Onkel Arthur mit den kleinen listigen Augen unter borstigen weißblonden Brauen sog an seiner Pfeife. «Spielst wieder auf die ollen Kamellen an. Tja, mein Lieber, Glück muß der Mensch haben. Und Energie.» Alle schwiegen.

Alle kannten den noch frischen Skandal aus der Zeitung. Wie der Oberbürgermeister mit einem Dutzend Honoratioren samt Musikkapelle und einem Troß von Festgästen vergebens gekommen war, um den «Adenauer-Weiher» einzuweihen. Verdutzt stand die Gesellschaft vor dem leeren Bassin. Das Wasser war über Nacht verschwunden, im Boden versickert.

«Pfuscherei, Betrug, am Zement gespart», schrieben die Zeitungen. Aber beim Stadtbauamt wiegelten sie ab. «Ein Materialfehler, nicht vorhersehbar.» Und Onkel Arthur, der Tüchtige, Energische, bekam den Auftrag zum zweiten Mal.

«Du hast das Zeug zum Millionär», knirschte der Vater.

«Du meinst, den schmutzigen Charakter, he? Nur kein Neid, mein Lieber. Behalt du deinen sauberen!»

Die Roten, die Schwarzen, die Weißen. Die Schwarz-Weiß-Roten. Hakenkreuz am Stahlhelm. Wählt Liste 3. Wählt die Wirtschaftspartei. Die Volkspartei. Die Nationaldemokraten. Die KPD. Wählt, wählt, wählt . . . Windgeblähte rote Fahnen. Hammer und Sichel. Markige Fäuste, kantige Stirnen. Dazwischen ein glänzend blauschuppiger Fisch im Netz, ein wettergebräuntes Mannsbild unter hochgeklapptem Südwester. «Eßt mehr Fische und ihr bleibt gesund.» Das dralle Rama-Mädchen mit den blonden Haarschnecken, einen Würfel Margarine darbietend, als wär's ein Klumpen Gold.

Die Plakattafel auf der andern Straßenseite wurde jeden Tag neu beklebt. Ein Mann mit Leiter und Eimer kam, eine Rolle neuer Plakate unter dem Arm und mit einer breiten, weichen Bürste. Die tunkte er tief in den

Eimer, daß sie von Kleister troff, und fuhr damit auf dem älteren Plakat hin und her, ehe er ein neues auf die gewellte nasse Fläche aufspannte: SPD über Zentrum, Overstolz-Zigaretten über Jaffa-Bananen. Lange Bembergseiden-Beine über «Kaffee Hag schont Ihr Herz». Vor der Plakatwand hielt der Omnibus, der neuerdings durch unsere Straße rollte, schnaufend, die Pferdeäpfel plattwalzend, die am Morgen frisch in dampfenden Haufen auf dem Pflaster lagen. Noch wurden Milchkannen und Bierfässer, Kartoffeln und Kohlen auf gummibereiften Wagen transportiert, von starken Pferden gezogen. Die Kinder aus der Siebachstraße klammerten sich an die hinteren Planken, bis der Fuhrmann sich umdrehte und mit der Peitsche nach hinten schlug. Sie hängten sich an den Omnibus, zum Entsetzen der Mutter. «Untersteh dich nicht, das nachzumachen!» Auch Radfahrer hängten sich seitlich an, ließen sich zum Spaß mitziehen. Einer wurde weggeschleudert, knallte vor unserm Haus aufs Trottoir, wurde ins Krankenhaus transportiert. Die Blutflecken blieben lang zu sehen.

Für uns waren die neuen Omnibusse wichtig. Sie brauchten eine Menge Öl. Der Vater rechnete mit einem allmonatlichen Auftrag. Phillipp Halbach, Oberinspektor des Omnibusbahnhofs, war ein Freund der Eltern und verehrte die Mutter. Vormittags, zwischen zehn und elf Uhr, hatte der dickliche kleine Mann mit den treuen braunen Hundeaugen und dem scharf ausrasierten Bärtchen auf der Oberlippe rätselhafterweise immer in unserer Gegend zu tun und Zeit genug, die Mutter zu besuchen. Er klagte ihr sein Eheleid, klagte endlos über Erna, seine zweite Frau, die hartherzig und geizig sei gegen ihn und seine Kinder. «Ne richtige Stiefmutter eben.» Die hätte er nicht heiraten dürfen, die nicht. Aber was sollte er machen, als Witwer mit drei Kleinen. Phillipp seufzte und sah die Mutter mit feuchten Augen an. Sie tröstete ihn und schob ihm belegte Brötchen zu. Und schenkte ihm Bier ein. Manchmal trank sie mit ihm zusammen Kaffee, und er tätschelte ihre Hand. «Armer Kerl, der Phillipp. Die Erna gönnt ihm nicht mal ein anständiges Frühstück.» Darum kam er oft und gern zum zweiten Frühstück zu uns. Die Omnibusse der Stadt Köln brauchten erstaunlich viel Öl zu jener Zeit. Jeden Monat sechs Faß. Wenn der Vater die bestellen konnte, war seine «Quote» erfüllt.

Eine Visite aus Amerika. Sie war lang angekündigt und kam doch überraschend. Mister Simonsen sei ein feiner Mensch, so natürlich und jovial. «Nicht die Spur von Hochmut wie bei den deutschen Direktoren.» Mister Simonsen fuhr in einer stahlblauen Limousine mit dem Vater im Bezirk herum, lud ihn zum Essen ein, kam zur Mittagspause zu uns nach Haus, brachte der Mutter langstielige Rosen mit und mir eine große Tafel Cailler-Schokolade, schob seine Zwei-Meter-Figur im Clubsessel zurecht, bis er sich, Füße auf der Schreibtischkante, bequem fühlte. In der Linken hielt er ein Glas, die Rechte baumelte über der Sessellehne, bereit zum Griff nach der Whiskyflasche, die auf dem Teppich stand. «Willstu auch, Charly?» Charly wollte nicht. Er saß am Schreibtisch, sog an seiner Brasil und sah dem blauen Dunst nach. Versonnen, aber zufrieden. Mister Simonsen, der mächtige Mann aus Amerika, war ja sein Freund. Er hatte seine Arbeit gelobt, hatte ganz «Old Europe» und besonders Köllen o. k. gefunden, obwohl sie dort, zu seiner Enttäuschung, im Juni keinen Karneval feierten. «Und kommen Sie nach Amärrika, mit Ihre ganze Family.» Herzlich, nett, unbefangen verabschiedete sich Mister Simonsen. Vierzehn Tage später kam ein Brief aus Hamburg. Die Firma Hamig, die deutsche Niederlassung des amerikanischen Ölkonzerns, teilte mit, daß nach erfolgreicher Einführung des Produktes Veedol in Köln die Verkaufsquote heraufgesetzt worden sei.

Die Quote war die Peitsche. Von ihrer Erfüllung hing die Garantie-Provision ab. Der Vater las den Brief einmal, zweimal und ein drittes Mal, Schweiß auf der Stirn. Dann brach es aus ihm heraus: «Saubande.» Er fühlte sich betrogen, wollte kündigen, sofort. Eine andere Vertretung übernehmen. Die Mutter beschwor ihn. Nein, nein. Nicht noch mehr Unsicherheit. Das hielte sie nicht aus. «Und denk an die Kaution!»

Ja, die Kaution. Die hatte der Vater hinterlegen müssen, damit er die Generalvertretung für Veedol in Köln bekam. Sie verfiel, wenn er kündigte. Tausend Reichsmark. Ein Vermögen im Jahre 1924. Also dabeibleiben. Mehr arbeiten. Mehr schuften. «Mit dem Fahrrad pack ich das nicht mehr.»

Ein Auto wurde angeschafft, ein Morris mit zwei Sitzen, beim Altautohändler günstig erstanden. Jeder, der ihn vor der Haustür stehen sah, lachte. Er hatte hohe Räder, ein geflicktes Lederverdeck und ein ausladendes Heck, das mit einer Klappe verschlossen war. Darunter steckte der Werkzeugkasten. Der Lack war dunkelgelb wie ein altes Kamelfell und runzlig und rissig. Aber das Wunderauto hatte einen starken Motor. Bezahlt werden mußte es – irgendwie in Raten. Die Raten waren nicht pünktlich aufzubringen, Zahlungsbefehle flatterten ins Haus. Eines Morgens stand der Gerichtsvollzieher in der Wohnung, ging durch die Zimmer, klebte den Kuckuck unter Tische, Stühle, Sessel, Sofa, Buffet und Kredenz. Die Mutter war verzweifelt, fassungslos. Ihre Aussteuer! Die Schande! Eilverkäufe waren nötig. Ein Antiquitätenhändler taxierte die Biedermeier-Kommode, die noch im Schlafzimmer stand, und eine Eichentruhe mit Eisenbeschlägen, das älteste Erbstück der Familie. Sie hatte der Sage nach im Siebenjährigen Krieg als Kriegskasse gedient.

Der Mann, der die Sachen abholen ließ, hieß Isaak Stern. Ein schöner Name, dachte ich. Seltsam, daß ihm das Wort «der Jude» vorangestellt wurde, sooft von Notverkäufen die Rede war.

# Andenkenschublade

Die Truhe galt als wertvoll. Sie war tückisch, weil sich der schwere gewölbte, eisenbeschlagene Deckel nicht vollständig zurücklegen ließ. Von schwachen, später eingesetzten Scharnieren gestützt, war er nur halb zu öffnen. Gefährlich hing er über meinem Kopf, als ich einmal davor kniete und mich tief hineinbeugte. Schauergeschichten von abgeschlagenen Kinderköpfen wurden zur Warnung erzählt.

Der Vater fand es richtiger, ein starkes Schloß anzubringen, zu dem nur er den Schlüssel hatte. Um so mehr plagte mich die Neugier. Als Isaak Stern den Kasten abholen ließ, kam der Inhalt zum Vorschein: Mutters Reiseandenken. Sie wurden in einer Schublade des Bücherschranks verstaut, die ich ruckweise, unter Anspannung aller Kräfte aufziehen konnte. Ich wühlte in Fotos und Ansichtskarten, kehrte das Unterste zuoberst, sortierte die Sachen nach meinem Geschmack. Ich wühlte in Mutters Vergangenheit.

Merkwürdige Dinge fanden sich da. Sie fühlten sich fremd an, rochen alt und streng. Federn und Muscheln, staubtrockene Kräuterbüschel, Münzen in Lava eingebakken. Ein Beduinenrosenkranz aus funkelroten Glasperlen, gemischt mit grauen harten Klümpchen aus getrocknetem Kamelmist. Ein ausgeblasenes Straußenei. Eine Kamelpeitsche, versteinerte Zitronen, eine puppenstubenkleine Moschee aus Gips. Eine Kalebasse aus gegerbter Büffelhaut, in der bernsteingelbe Weihrauchkügelchen rasselten und immer noch einen rauchigen, betäubenden Duft verströmten. Aus der hintersten Ecke zerrte ich eine kleine Dornenkrone. Sie stach und kratzte, als ich sie aufsetzte und mich damit vor dem Spiegel im Flur produzierte.

«Laß das. Damit treibt man keinen Spott. Sie stammt von Golgatha. Vom Hügel, auf dem der Herr Jesus . . .» Die Stimme der Mutter wurde verlegen und leise. «Wo der Herr Jesus ans Kreuz geschlagen wurde. Da wachsen solche Dornen heute noch.»

«Und da bist du gewesen? Ganz allein?»

«Nein.»

«Mit deinen Eltern?»

«Ich hatte keine Eltern mehr. Die waren längst tot.»

«Wer war denn mit dir auf dem Golgatha?»

«Der Ohm.»

Der Ohm. Der fabelhafte Oheim, der die verwaiste Nichte aus dem Kloster befreit hatte, dem Gefängnis ihrer Kindheit. «Mutter, wie war es im Pensionat?» Mit dieser Frage ließ sich eine lange und immer wieder genüßlich anzuhörende Litanei provozieren.

«Morgens früh ging es los. Gegrüßet seist du, Maria. Schwester Euphrosine kam in den Schlafsaal. Wir mußten vor den Betten knien und beten.»

«Und dann?»

«Mußten wir uns waschen und anziehen.»

«Und dann?»

«Wurden wir zur Frühmesse in die Kirche geführt.»

«Und dann?»

«Gingen wir zum Frühstück. Vor unsern Plätzen mußten wir beten.»

«Und dann?»

«Beim Frühstück las uns Schwester Gertrudis Heiligenlegenden vor.»

«Und dann?»

«Ging's in die Klasse. Vor und nach jeder Stunde wurde gebetet.»

«Und dann?»

«Kam der Herr Kaplan und gab uns Religionsunterricht.»

Und dann ... Und dann ... Und dann ... Ich war unersättlich, erfragte mit Wonnegrausen sämtliche Frömmigkeitsübungen, denen die Mutter in der Klosterschule bei den Ursulinen in der Machabäerstraße unterworfen gewesen war. Rosenkranzstunden, Abendandachten, Beichten, Sonntagsgottesdienste.

«Und was habt ihr sonst gelernt?»

«Wenig. Französisch bei Mère Angélique. Sie kam aus Frankreich. Bei ihr hatten wir auch Anstandsstunde.»

«Anstandsstunde? Was war denn das?»

«Wir lernten feines Benehmen, lernten, wie man Herrschaften anredet, höhergestellte Leute, zum Beispiel eine Baronin, eine Gräfin, Prinzen und Prinzessinnen, auch Bischöfe und Kardinäle.»

«Kamen die alle zu euch ins Kloster?»

«Ach wo. Wir lernten nur für alle Fälle, was sich gehört.

Kind, es war ja noch Kaiserzeit.» Sie sah mich streng an: «Und Tischmanieren lernten wir auch.» Ich sollte mich betroffen fühlen.

Moralisch gestärkt durch Vaters Spruch «Ein Kind darf nicht zu früh dressiert werden», leistete ich mir einige Besonderheiten, die der Mutter mißfielen. Ellbogen auf den Tisch aufstützen, Zeigefinger in einen gefüllten Berliner Pfannkuchen bohren, Soße durch Makkaroninudeln hochsaugen. Gegen ihren unausgesprochenen, aber deutlichen Tadel hielt ich meinen Triumph bereit. «Und wie habt ihr geturnt bei den Nonnen?»

Im Fotoalbum gab es ein Bild aus dem Turnsaal der Ursulinenschule. Da hingen die höheren Töchter in gestreiften Matrosenblusen, schwarzen, bis übers Knie reichenden Pumphosen, schwarzen langen Strümpfen und hohen schwarzen Schnürstiefeln an den Ringen. Steif und unglücklich, wie aufgehängt. «Und samstags, in der Badewanne, mußtet ihr eine Schürze tragen?» Ich schüttelte mich vor Lachen. Sie lachte auch. Aber Bitterkeit klang mit. «Meine verpfuschte Kindheit.» Das bekam ich oft zu hören.

«Warum haben deine Eltern dich in das Pensionat gesteckt?»

«Der letzte Wunsch meines Vaters. Ich sollte vornehm erzogen werden, nicht mit Bauernkindern zusammen in die Schule gehen. Und meine Mutter war fromm, schrecklich fromm.» Wäre es nach dem Wunsch dieser Großmutter gegangen, so hätte meine Mutter ins Kloster eintreten sollen, wäre Nonne geworden. Hätte dort bleiben müssen, ihr Leben lang. Darüber dachte ich eine Weile nach. Merkwürdig war das Ergebnis: Ich freute mich, daß ein Mensch, den ich nicht kannte, früh gestorben war – meine fromme, allzu fromme Großmutter.

«Fanny soll die Welt kennenlernen, den Klostermief loswerden. Reisen bildet.» Der «Ohm» war der Onkel, ihr Vormund. Er hatte sie heimgeholt nach Worringen, ins reiche Kappesdorf, in sein Haus, er, der Bürgermeister, Witwer, vermögend, ohne Kinder. Die Siebzehnjährige führte ihm die Wirtschaft. Und er verwöhnte sie, so gut er es verstand. Für die groben Arbeiten war die Magd da, für den Garten der Kleinknecht. Und sie durfte mit dem alten Globetrotter reisen.

Durch ein Stereoskop betrachtete ich das ungleiche Paar. (Die Doppelbilder lagen, zu Bündeln verschnürt, unter den Andenken.) Da stand, zum Greifen plastisch, das junge Mädchen im hellen, fußlangen, hochgegürteten Reisekleid, den tellerflachen Reisehut mit einem Schleier unter dem Kinn festgebunden, ein Sonnenschirmchen zugeklappt in den artig übereinandergelegten behandschuhten Händen. Daneben der Alte, der Ohm, mit seinem langen grauweiß gesprenkelten Bart, der in zwei Zipfeln endete und bis an die Uhrkette reichte. Er trug Pepita-Hosen und eine Samtjoppe, auf manchen Bildern auch ein großkariertes Cape. Ein Schlapphut mit breiter Krempe beschattete sein Gesicht, doch nur so weit, daß man die dunklen Augen hinter funkelnden Kneifergläsern noch erkannte. Auf allen Bildern hatte er das rechte Bein vorgestellt und einen dicken Spazierstock in den Händen, auf den er sich stützte.

Zwischen Palmen- und Orangenbäumen, vor Pyramiden und Kamelen, vor Säulentrümmern und piniengerahmten Seeufern posierten die beiden, stolz der fast Siebzigjährige, neben ihm die helle, schlanke Gestalt der Nichte. Meine Mutter. Jetzt saß sie, breit geworden, mit zersorgtem Gesicht und strähnigem Haar, das der Einfachheit halber in Herrenfasson geschnitten war, am Küchentisch und schwärmte vom Gardasee. «Noch ein einziges Mal möcht' ich ihn wiedersehen, im Frühjahr, wenn die Mimosen blühn und die Mandelbäume. Aber ich werde nie mehr hinkommen . . .»

Abends fragte ich den Vater, der mißmutig in den Bratkartoffeln herumstocherte: «Warum fahren wir nicht mal an den Gardasee?» Er sah mich verblüfft an und erriet den Zusammenhang. «Setz dem Kind keine Rosinen in den Kopf», sagte er zur Mutter. Dann, zu mir gewandt, feierlich: «Weil wir keine reichen Leute sind, mein Kind. Vater muß schwer arbeiten, um das tägliche Brot zu verdienen. Reisen kostet viel Geld. Nur reiche Leute können verreisen.» Sprach's, erhob sich und verschwand im Herrenzimmer, das zugleich Wohn- und Eßzimmer geworden war. Ein kleines blutrotes Fähnchen steckte jetzt in der Ecke des Erkerfensters, neben dem größeren, schwarz-, rot- und gelbgestreiften, das der Vater ehrfurchtsvoll «schwarz, rot, gold» nannte.

# Fünftes Schuljahr

«Auf welche Schule kommst du, Margot?»
«Auf die Königin-Luise-Schule.»
«Und du, Hannelore?»
«St. Hildegardis-Lyceum.»
«Und du. Und du . . .?» – «Antoniterschule.» – «Kaiserin Augusta.» – «Merlo-Mevissen».
Die Namen klangen kostbar, als trügen sie Schleppen.
Nur die Kinder in den vorderen Bänken, die «feinen» wurden befragt, in welche höhere Schule sie nach Ostern gingen. Ich saß zwischen ihnen. «Und du, Helene?»
Ich wurde rot und schwieg.
«Nun, du weißt es noch nicht? Die Eltern müßten dich aber anmelden, es wird höchste Zeit.»
Stotternd gab ich Auskunft. «Ich komme erst im nächsten Jahr auf die höhere Schule . . . weil . . . weil ich noch zu jung bin.»
Die Lehrerin sah mich scheinbar erstaunt an, leicht zwinkernd mit ihren tief zwischen Fettpölsterchen eingebetteten grauen Augen. «Nun ja», sagte sie gedehnt. «Dann bleibst du noch bei uns. Nicht jedes Kind muß auf die höhere Schule gehen.» Ich verbiß mir das Heulen.

Die Lehrerin, eine große, schwere Person mit gebläutem Grauhaar, kam mir vor wie eine böse dicke Katze, die ihr Opfer anblinzelt, ehe sie zuschlägt. Natürlich wußte sie Bescheid, wußte, daß ich nicht zu jung war, sondern größer und kräftiger als die meisten in der Klasse, und daß mein Zeugnis, bis auf die Vier in Betragen, zu den besten gehörte. Aber sie dachte sich ihr Teil über Leute, die auf der ersten Etage wohnten, ein vorsintflutliches Auto vor der Tür stehen hatten und im Erker ein rotes Fähnchen flattern ließen.

Die Eltern hatten mich zu trösten versucht. «Tut uns ja leid, Kind. Wir können nicht. In diesem Jahr nicht. Das Schulgeld! Nein, es geht beim besten Willen nicht. Vielleicht, nein ganz bestimmt im nächsten Jahr . . .»

«Tschüs, Margot. Tschüs, Hannelore, tschüs Irmgard.» Die feinen Kinder trennten sich, die Osterzeugnisse in der Hand, mit leuchtenden Augen. Auch Vetter Kurt, der Freund, Kumpan, Wahlbruder, ging aufs Gymnasium, wo sie grünsamtene Schülermützen trugen und sich Sextaner nannten.

Ich stand auf der andern Seite. Bei den Ausgesiebten, beim Rest, der auf der Volksschule blieb. Unter Arbeiterkindern, Arbeitslosenkindern, Kriegswaisen, Besatzungskindern, Kindern aus den Obdachlosenbaracken. Die Mädchen zur Rechten, die Jungen zur Linken des Lehrers. Langgeschossene, blasse, zweimal Sitzengebliebene («Noch mal und du mußt auf die Hilfsschule»). Adele hatte einen Höcker unter der rechten hochgezogenen Schulter und lächelte dauernd, als wolle sie sich für ihre Existenz entschuldigen. Martha, alle Tage im gleichen grau-blau karierten Waschkleid, humpelte, die Knie nach außen gestellt, auf beiden Beinen. Sie hatte ein Gesicht wie eine alte Frau. Erika und Willi, die Zwillinge, schielten und trugen Brillen mit eisernen Gestellen. Und Theobald Bär, der Sohn des jüdischen Viehhändlers aus Posen mit dem Wolfsrachen und dem dichten schwarzen Kraushaar, wurde täglich nach Hause geschickt. «Geh heim und wasch dich.» Vor der Rechenstunde passierte das meistens, denn Theobald Bär konnte rechnen wie der Teufel, zehnmal schneller als der Lehrer.

Die Hände mußten wir jeden Morgen aufs Pult legen, der Lehrer prüfte, ob die Nägel sauber waren. Danach holte er seine Geige aus dem Schrank, der neben dem Katheder stand und außer dem altgedienten Instrument im verschlissenen Futteral Stöße von Heften, Gesangbüchern, Tafellappen und ein Kästchen voll weißer Kreidestücke enthielt. Er stimmte sie umständlich, rieb den Bogen mit Kolophonium, bis es stäubte. Zu den quietschenden Tönen, die er auf der Geige erzeugte, sangen wir rauhstimmig, laut und ziemlich unrein. Ein paar Jungen waren im Stimmbruch. «Ein feste Burg ist unser Gott» und «Der Gott, der Eisen wachsen ließ, der wollte keine Knechte». Das war das Lieblingslied des Lehrers. «Schlafmützen», schnaubte er, wenn wir zu langsam sangen. «Da muß Mumm drin sitzen! Man muß die Kampflust raushören! Auf die Bänke, los!» Wir sprangen auf die Bänke und stampften den Takt mit den Füßen. «Nun seid ihr hoffentlich wach.»

Religion, biblische Geschichte; die gab es jeden Tag. «Jesaia-Jeremias-Hesekiel-Daniel.» – «Schneller, nicht stocken.» – «Obadja-Jona-Micha-Nahum-Habakuk-Zephania-Hagai-Sacharja-Maleachi.» Fast ohne Atem zu holen, rasselte ich die Namen der großen und kleinen Propheten wie an einer Kette herunter. «Gut, setz dich.» Die Hände auf dem Rücken, marschierte der große, dicke alte Mann elefantenfüßig vor der ersten Pultreihe auf und ab. Die Dielen knarrten. Beißender Geruch füllte den Klassenraum. «Herr Lehrer, es stinkt.» Die in den vorderen Reihen husteten. Der große eiserne Ofen in der Ecke zog wieder nicht, Qualm drang aus den Ritzen. «Münch, sieh nach, was los ist. Kennst doch dein Amt . . . Kerle, Kerle. Zu nichts zu gebrauchen.»

Münch, dösend, fuhr auf, schob seine langen schlaksigen Glieder in Richtung Ofen, sah sich um, wußte, daß sie hinter ihm feixten. Sie feixten immer, wenn er, der kahlgeschorene Knabe mit der hängenden Unterlippe und den schläfrigen wasserblauen Augen zum Heizen abkommandiert wurde. Münch war die Garantie dafür, daß es was zum Lachen gab. Münch verpatzte immer irgendwas. Er bückte sich, schon sprangen einzelne Gluckser auf; er öffnete die heiße Ofentür, Kohlen kollerten vor seine Füße, er fuhr mit dem Stocheisen in die Glut, die ihn heiß anstrahlte, rüttelte, die Klasse hechelnd vor Lachlust im Rücken. Da passierte es. Er schmiß die heiße Tür zu, verbrannte sich die Finger, schrie wie am Spieß und sprang zurück. Vom heftigen Ruck platzte seine vielfach geflickte Hose in der Mittelnaht und riß noch ein Stück in die Quere. Der blanke Hintern wurde sichtbar. Die Klasse schrie und trampelte vor Glück. Münch schleppte sich gebückt auf seinen Platz in der hintersten Bank. Mit der Linken versuchte er, den Riß zu bedecken, die Rechte hielt er vor den Mund und blies auf seine schmerzenden Fingerkuppen, umbrandet vom Johlen der Klasse. «Scher dich heim, Trottel», sagte der Lehrer.

Auf dem Schulhof tuschelten die beiden Ältesten, Gertrud, die zweimal Sitzengebliebene, und die bleiche blonde Karin mit den Schatten unter den Augen – die zwei, die erwischt worden waren, als sie sich während der Pause in der Mädchentoilette gegenseitig ihre Brüstchen zeigten. Sie tuschelten, sie hätten noch mehr gesehen beim doofen Münch, als dem die Hose platzte. Nicht nur den Hintern.

«Schweine», dachten die paar Mädchen, die sich was Besseres dünkten, und fühlten sich rein wie Engel.

Es gab verschiedene, die der Lehrer nicht leiden konnte. Den doofen Münch verachtete er. Fritz Vollrath aber, den schlanken Jungen mit den stechend schwarzen, schrägen Augen, dem gelblichen Teint und dem ölig glatten schwarzen Haar, den haßte er. Und Fritz Vollrath haßte den Lehrer, haßte die Schule, haßte uns alle. Fritz Vollrath hatte keinen Vater, und die Leute munkelten über ihn und die Indochinesen. «In der Franzosenzeit, nach dem Weltkrieg, da hatten wir die ja auch als Besatzung hier.» Fritz kam zu spät, fehlte ohne Entschuldigung, vergaß seine Aufgaben. Was war zu machen mit so einem Burschen? Dumm schien er nicht zu sein, aber verstockt. Biestig verstockt. Gab auf manche Fragen einfach keine Antwort, selbst wenn er sie wußte. Zum Beispiel auf die Frage, was die Feinde, Franzosen, Engländer, Amerikaner, Russen, Polen, uns Deutschen angetan hatten. Wußten wir's doch alle, konnten die Antwort im Chor aufsagen: Versailler Vertrag, Schandvertrag. Danzig, polnischer Korridor, Oberschlesien, Elsaß, Eupen-Malmedy. Rosarot umrandete Gebilde auf der Landkarte, die der Lehrer mit der Spitze des Zeigestocks umfuhr. Eingebrannt sollten sie in unseren Köpfen sein, die Namen der geraubten Gebiete unserer Heimat. Aber dieser Kerl, der Vollrath, antwortete nicht. Blieb stumm, biß sich auf die Lippen.

Einmal holte der Lehrer den Rohrstock aus dem Schrank. «Vollrath, komm raus, leg dich über die Bank!» Fritz Vollrath trat vor. Zwei, drei Schritte noch bis zum Katheder. Blieb stehen. Rührte sich nicht. Der Lehrer hielt das biegsame Stöckchen an beiden Enden gefaßt, zog das dünne Ende durch die Finger. Totenstille in der Klasse. Da legte Fritz Vollrath den Kopf zur Seite, nach rechts. Sah den Lehrer an, von unten nach oben. Aus seinen schrägen, stechend schwarzen Augen sah er ihn an wie ein Tier, das zum Sprung bereit war. Zum Sprung an die Kehle. Die Sekunden dehnten sich. Endlich ließ der Lehrer den Rohrstock sinken, langsam, Zoll um Zoll. Seine Brust hob und senkte sich. Wütend sah er den kleinen, schlitzäugigen Burschen an. «Marsch auf deinen Platz. An dir ist Hopfen und Malz verloren.»

Ein Trupp Kommunisten zog durch unsere Straße. Sie trugen rote Fahnen mit Hammer und Sichel, sangen die Internationale zum schleppenden Schritt. Einer schlug die Pauke, andere bliesen auf Schalmeien. Auch ein Spruchband führten sie mit. «Proletarier aller Länder, vereinigt euch.» Klein, mitten in der Reihe der Großen, trabte Fritz Vollrath. An seinem öligen Haarschopf konnte ich ihn vom Erker aus erkennen.

«Schreckliche Klasse», seufzte der Lehrer manchmal und betrachtete uns leicht angewidert über den Rand seiner hellen Hornbrille hinweg, die er auf die äußerste Spitze seiner fleischigen Nase heruntergeschoben hatte. Die Augenbrauen waren an den Enden wie Hörnchen aufgezwirbelt, das rosige Gesicht stützte er in seine Hand, an der neben dem Trauring ein hellblauer Siegelring blinkte. Wenn er gute Laune hatte – seine Stimmung wechselte wie das Wetter –, erzählte er vom letzten deutschen Kaiser. Seine Frau – eine Adlige – hätte in ihrer Jugend bei Hofe verkehrt. Und er sprach von der Kaiserzeit wie vom verlorenen Paradies, und es war herauszuhören, daß er auf die Rückkehr des Kaisers hoffte als der einzig möglichen Ordnung, in der die Münchs und die Bärs und die Vollraths einfach nicht existierten. Gesocks, das er unterrichten mußte.

Mich zog der Lehrer vor. Vielleicht, weil wir in der gleichen Straße wohnten, im besseren Teil des Viertels? Eher noch, weil der Vater dafür berüchtigt war, daß er bei der leisesten Kränkung seiner Tochter – das heißt bei Anlässen, die ich darstellte, als sei mir Unrecht geschehen – in die Schule rannte und seiner Empörung lautstark Luft machte. Die altmodische, auf Gehorsam erpichte Lehrerin der vierten Klasse hatte er durch solche Auftritte eingeschüchtert. Mir war es peinlich, wenn ich hörte, wie er ins Lehrerzimmer eingedrungen war und sie vor den Ohren und Augen ihrer Kollegen und Kolleginnen heruntergeputzt hatte, bei halboffener Tür, so daß die Kinder auf der Treppe mitkriegten, was er von ihr hielt. Andererseits fühlte ich mich geborgen im Schutz des Terrors, den er ausübte, wobei mir dämmerte, daß die Hälfte des Aufwandes an Stimm- und Redegewalt genügt hätte.

Wie auch immer, das Sozialdemokratenkind durfte

dem kaisertreuen Lehrer die Hefte heimtragen, kriegte niemals Prügel und heimste Einsen ein, ohne Mühe.

«Pah. Volksschulzensuren. Was die schon gelten!» hämten die Vettern, die Gymnasiasten. Sie spielten kaum noch mit mir, prunkten mit frisch gelernten Lateinbrokken, zogen mit den Pfadfindern los, einem christlichen Grüppchen, das keine Mädchen aufnahm. Beleidigt wandte ich mich von ihnen ab, einem Knaben der eigenen Schulklasse zu. Alois Stöcker konnte auf den Händen gehen, fast wie andere Leute auf den Füßen. Wann und wo immer er aufgefordert wurde, stand er kopf, aber nicht der Länge nach ausgerichtet, zitternd und wacklig, wie wir es ein paar Augenblicke auch fertigbrachten. Er hielt die Beine von den Knien an abgeknickt und bewegte sie wie Klöppel. Auf diese Weise hielt er mühelos die Balance bei seinen Paraden vor der vordersten Bankreihe.

Alle Stöckers konnten auf den Händen gehen, alle acht Kinder des Anstreichermeisters, der die Wohnungen im ganzen Viertel tünchte und tapezierte, doch, leider, leider, oft über den Durst trank. Alois war mein Freund. Er sagte nicht solche Schweinereien wie die andern Jungs, grinste nicht, als wir in der Werkbund-Ausstellung an einer nackten Negerskulptur mit tütenspitzen Brüsten vorbeimarschierten. Das Gefühl der Solidarität im «Anständigsein» verband uns, und weil ich ihm beim Diktat mit Mogelbriefchen half, versprach er, mir beizubringen, wie man auf Händen läuft.

Aufgeregt kam die Mutter aus der Elternsprechstunde. «Ihre Tochter muß da raus», hatte der Lehrer gesagt. «Noch drei sind da, die kommen Ostern auf die Mittelschule. Und was dann übrigbleibt . . . na . . .»

«Du kommst auf die höhere Schule, und wenn ich putzen gehen muß.» Das klang, gegen den Vater gerichtet, wie ein Ultimatum. «Achtzehn Mark im Monat, achtzehn Mark», stöhnte er. Die Mutter gab keine Antwort. Aber ihr Gesicht drückte eine Entschlossenheit aus, die sonst keiner an ihr kannte.

Der Vater verschwand im Zimmer, stand wieder in der Küchentür und erklärte: «Dann muß ich eben die Partei einschalten.» Welch ein Aufwand meinetwegen! Öfter als sonst fiel der Name Goergen. Zu ihm ging der Vater, wenn er Extrahilfe brauchte für seine Wohlfahrtspfleglinge, für Frau von Königs zum Beispiel oder für Hubbard, der ein Ferkel war, wie die Mutter sagte, der aber einen guten Kern hatte nach Vaters Meinung. Für solche Leute hatte er bei Goergen immer was rausgeholt.

Und nun ging es um mein Schulgeld, ging um achtzehn Reichsmark monatlich, ging darum, daß ich schon in der zweiten Hälfte der Sexta eine Freistelle bekam. Goergen half. Der Antrag auf meine Freistelle kam durch. Die genehmigten Anträge trugen mehrere Siegel und Unterschriften, auch das des Oberbürgermeisters. Und so kam es, daß ich mir einbildete, Konrad Adenauer persönlich – den der Vater zu Hause den «schwarzen Hund» nannte – habe mir zu meiner Freistelle verholfen.

# Volksschule, ade

Kein Blick zurück. Freund Alois war verleugnet, verraten. Niemals mehr würde ich einen Freund haben, der auf Händen gehen konnte. In der höheren Schule klang alles imponierend. Der Hausmeister hieß Kastellan, der Direktor Zeus, Lehrer und Lehrerinnen nannten sich Studienräte und Studienrätinnen und Oberstudienräte und Oberstudienrätinnen und viele obendrein «Dr.», einige sogar «Professor». Im Foyer, wo die breite Treppe mündete, stand in einer Nische, erhöht auf einem Sockel und verstaubt, ein gipserner Sokrates. Überlebensgroß, mit nacktem Oberkörper, Bauch und Beine in die Falten der Toga gewickelt, die rechte Hand feierlich erhoben, der Flut der Schülerinnen entgegen, die treppauf schritten, schwatzten, lachten, alberten oder, vom Klingelzeichen gejagt, rannten. Zweideutig erschien seine Geste. War sie als Mahnung, fleißig zu lernen, gemeint? Oder als Beschwörung, doch lieber abzulassen von der höheren Bildung, da es allenthalben hieß: Ein Mädchen heiratet ja doch. Braucht kein Abitur.

An der Gegenwand, unerreichbar hoch, war eine Frauenbüste angebracht, Kopf und Hals in Schleier gehüllt, deren Falten rußig-speckig glänzten. Königin Luise, Namenspatronin unserer Schule. Relikt aus der Gründungszeit, Preußenzeit, Kaiserzeit. Fremd in unsrer Stadt, wie von einem andern Stern. Still verstaubte sie über unsern Köpfen.

Wichtiger war Agrippina, die Römerin, weil ein Lehrer sie wichtig nahm und Lehrerschrullen in Sextaner-Köpfen noch leicht Wurzeln fassen. «Wie hieß die Stadt, die sie begründete?» – «Colonia Claudia Ara Agrippinensis.» Der kleine vierschrötige Geschichtsprofessor skandierte den Namen mit Inbrunst und übersetzte ihn feierlich Wort für Wort (wobei er, wohl mit Rücksicht auf unsere moralische Fassungskraft, nicht weiter auf den Lebenslauf der Stifterin einging, der mindestens zwei Giftmorde und die Buhlschaft mit ihrem eigenen Sohn Nero nachgesagt werden).

Agrippina, die scheusälig-prächtige, verklärte sich zur kölnischen Nationalheiligen: «Sie ist hier geboren. Aus Liebe und Dankbarkeit ließ sie die Ubier-Siedlung in den Rang einer kaiserlichen Kolonie erheben. Unsere Vaterstadt! Der Boden unter euren Füßen ist römischer Boden. Gleich hier, hinter unserer Schule, ging die römische Stadtmauer her. Sie schützte die Bürger gegen die Germanen. Das waren damals noch Barbaren!» Bei den letzten Worten fuhr die Rechte des Professors hoch und verharrte sekundenlang in der Rhetorenpose des gipsernen Sokrates draußen im Foyer. Wir hätten glauben können, die Germanen, die Barbaren, stünden aufs neue vor den Toren Kölns.

Wochenlang schleppte uns der Professor während der Erdkunde- und Geschichtsstunden zu den Resten der Römerstadt. Zum runden, halb in den Boden eingesackten

Römerturm, an dem wir jeden Morgen achtlos vorbeigingen. Wir sollten die altersschwachen Steine betasten, im Museum die Trümmer fremdartiger Grabsteine, griesegraue Tontöpfe, gekittete Glasvasen, trübe Scherben bewundern. Vor den lateinischen Inschriften auf den Grabmälern stand er in Andacht versunken, die Lippen bewegten sich in halblautem Gemurmel. Wir blieben gelangweilt im Hintergrund. Das Römerzeug ödete uns an. Dennoch tat der komische Stolz des Lehrers seine Wirkung, rutschte in Abgründe unseres Bewußtseins und tauchte bei allen möglichen Anlässen triumphierend wieder auf. Die Vorstellung, Nachfahren römischer Bürger zu sein, was Besseres als die Leute rechts vom Rhein, setzte sich fest und wappnete uns mit eigenartigem Stolz. Mir half er über das Gefühl hinweg, eine der Ärmsten in der Klasse zu sein.

Mit der Freistelle war es nicht geschafft. Ich brauchte Geld für die Schülerwochenkarte, Geld für Extrafahrten ins Stadion, für Sporttrikots, Turnschuhe, Hefte, Bücher, alt oder neu gekauft, Zirkel und Malkasten, Zeichenblöcke und Füllfederhalter. Die alten Holzhalter mit Sütterlin-Feder hatten ausgedient; in der höheren Schule gab es keine im Pult versenkten Tintenfässer mehr.

Und die Kleider! Ich müsse jetzt anständig angezogen sein, fand die Mutter und holte, was sie an Röcken und Blusen entbehren konnte, aus dem Kleiderschrank. Frau Möhrchen, die billigste Schneiderin in unserer Gegend, kam ins Haus, saß drei Tage lang an der ratternden «Singer» und bekam zum knappen Lohn Frühstück, Mittagessen und eine Tasse Bohnenkaffee. Viel Abwechslung gab es nicht im Kleiderprogramm. Einen dunkelblauen Faltenrock für alle Tage, eine Bluse nach Matrosenart aus einem weiß-blau gestreiften Flanellhemd des Vaters. Einen graubraunen Pullover mit spitzem Ausschnitt, wie ihn Jungen trugen. Eine kirschrote Crêpe-de-Chine-Bluse, aus einem Abendkleid der Mutter geschneidert. «Ich brauch so was ja nie mehr.»

Durch ein Versehen von Frau Möhrchen war der Rock sehr kurz geraten. Er endete eine Handbreit überm Knie, die Strümpfe reichten knapp über die Waden. Ein ordentliches Stück Bein blieb frei. Den älteren Lehrerinnen der Unterstufe mißfiel das. Sie selbst, würdige Matronen, durchaus emanzipiert, stolz auf ihr Studium, wahrten doch die Züchtigkeit ihrer Jugendjahre, trugen, unbeirrt von der Garçonne-Mode, die alle Maßstäbe durcheinandergebracht hatte, dreiviertellange, unauffällige, meist dunkle Kleider. Zu kurze Röcke waren, auch an Zehnjährigen, anstößig.

«Aber Kind, du bist aus deinem Röckchen rausgewachsen. Sag deiner Mutter, sie möchte es eine Handbreit länger machen!» Oberstudienrätin Heller, eine gütige Zwei-Zentner-Dame, ermahnte mich im sanftesten Ton. Sie ahnte nichts von unseren häuslichen Kalamitäten. Der Rock konnte nicht verlängert werden, weil der Saum zu schmal war. Ihn anzustückeln, wagte die Mutter nicht, sie verstand nichts von der Näherei. Und Frau Möhrchen war anderswo beschäftigt, für mehr Geld und kräftigeren Kaffee. Viele mißbilligende Blicke auf meine nackten Knie mußte ich ertragen, bis der Rock verschlissen war.

Erotische Gefühle wird man Sextanerinnen nicht zutrauen, aber unsere Schwärmerei für Schmidt, genannt

«Schmidtchen», den Naturkundelehrer, lag auf der Grenze. Wir heizten uns gegenseitig auf, wir fanden ihn schön. Alles an ihm war apart. Die schlanke Figur, seine raschen Bewegungen, die schwarzen Locken, die Silbersträhne über der rechten Schläfe, die kohlschwarzen Augen, die schmale Nase, das weiche Lippenbärtchen, das seinen scharf geschnittenen Mund halb verbarg. Vor allem aber sein leicht sarkastisches Lächeln, das zwei Goldzähne aufblitzen ließ und der einen oder anderen Schülerin galt, die eine falsche Antwort gab oder gar keine, während wir, die «Wissenden», uns daran labten.

«Schmidtchen» zuliebe lernte ich alles über das Federkleid des Rebhuhns im Winter, die Lebensgewohnheiten des kanadischen Klippschliefers, die Verwandlungsstadien des Kohlweißlings und so weiter. Ich bekam eine Eins in Tierkunde, und Lehrer Schmidt raunte mir zu: «Du solltest dir zu Weihnachten den Kleinen Brehm schenken lassen. Es gibt eine schöne Ausgabe in einem Band. Kostet nur zweiunddreißig Mark.»

Geschwollen vor Eitelkeit, trug ich seine Empfehlung heim – und löste eine Katastrophe aus. «Eure Lehrer sind wahnsinnig! Was die sich denken. Keinen Schimmer von Realität! Zwei – und – dreißig Mark! Aussichtslos. Den Wunsch mußt du dir aus dem Kopf schlagen.»

Aussichtslos? Für den Augenblick. Kinderwünsche können arbeiten wie Nagetier-Gebisse. Jeden Tag erwähnte ich den Brehm. Bei den Schulaufgaben, «wenn ich doch bloß den Brehm hätte!» Fragten die Großeltern nach Weihnachtswünschen, kam die Antwort: «Ich wünsche mir gar nichts. Nur den Brehm!» Bescheidenes Kind. «Auf Weihnachten freu ich mich gar nicht, weil ich doch den

Brehm nicht kriege.» Oder: «Ich kriege ihn ja doch, ihr wollt mich bloß überraschen.»

Die Eltern gaben nach wie unter Schicksalszwang. Der Kleine Brehm in olivgrünem Kunstleder lag auf dem Teppich unterm Weihnachtsbaum, neben der Krippe. «Und sag bitte keinem, was er gekostet hat, hörst du.»

Der Winter war streng in diesem Jahr. Wir mußten ein zweites Mal Kohlen kaufen, diesmal auf Pump. Die Mutter jammerte: «Wir kommen aus den Schulden nie mehr raus.»

«Sollen wir in 'ne Wärmestube gehen?» raunzte der Vater.

Ich dachte an meinen teuren Brehm. Zweiunddreißig Mark, das hätte für die Kohlen gereicht. Öffentliche Wärmestuben waren eingerichtet worden, eine in unserer Nähe, in einer leerstehenden Wirtschaft. Arbeitslose saßen darin an kahlen Tischen, dösten, hatten den Kopf auf die Arme gelegt, spielten Skat. Arbeitslose standen in einer langen Schlange vor dem Wohlfahrtsamt, stumm, Mantelkragen hochgeschlagen, Mützen und Hüte tief ins Gesicht gezogen. Ihr Atem stieg weiß in die Frostluft. Manche trugen Ohrenklappen oder Schals um den Kopf gewickelt und Mützen obendrauf. Sie schlugen die Arme um sich, steckten die Hände unter die Achseln, trampelten und stampften.

Der Rhein war zugefroren und wimmelte von Kindern. Alle Kinder, die aus dem Innern der Stadt und die aus den Vororten, zog es zum Rhein. Grau und weiß und immer mächtiger schoben sich die Schollen an den Ufern übereinander, türmten sich zu wirren, spitzen und zackigen

Hügeln. Tagelang waren sie im Strom dahingetrieben, in der Mitte schnell, an den Rändern langsamer; die Rinnsale des schwärzlichen Wassers zwischen ihnen verengten sich, bis die Schollen krachend mit Donnergetöse aneinanderstießen, zu Inseln gefroren und sich nicht mehr von der Stelle rührten. Eines Morgens war der Strom erstarrt, die Landschaft wie mit einem Zauberstab verwandelt. Kein ziehendes, strömendes Leben mehr. Gletscherwüste, Mondgebirge. Der Nordwind fuhr über das Eis, peitschte Möwen und Krähen, die vor Hunger schrieen.

Junge Männer mit Schlittschuhen trauten sich als erste auf die feste Decke, zirkelten zwischen den Schollenhaufen auf die glatteren Flächen zu. Kinder, die keine Schlittschuhe hatten, folgten tastend und schlurfend auf den Schuhsohlen, nahmen Anlauf und rutschten. Weiter und weiter. Allmählich bildeten sich lange Schlitterbahnen, ein Netz zwischen den Schollen. Mit breitgestemmten Beinen mühsam die Balance haltend, glitten wir, mitten auf dem erstarrten Fluß, feuerrot im Gesicht. Die Kälte biß in Nasen und Ohren und an den Fingerspitzen in den vielfach gestopften Fausthandschuhen. Wir verdrängten die Schmerzen, fielen hin, standen auf, schrieen und kreischten vor Glück, im Herzen die Angst vor dem Wasser, das in der Tiefe gurgelte. Blasen im dunklen Eis, Risse und Sprünge wie Adern, unheimliches Knacken und Knirschen – alles verriet, daß unter unseren Füßen der tiefe, tiefe Strom floß.

Im Norden der Stadt, bei Mülheim, war das Gewimmel am größten, drängten sich Tag für Tag mehr Kinder auf die von Kratzspuren glitzernde, flimmernde Fläche. Vor den Pfeilern, die die neue Mülheimer Brücke tragen sollten, war das Eis zu mächtigen Blöcken gestockt und geschichtet. Gespenstisch wie Dinosaurier ragten die Teile der Brücke von beiden Ufern her in die Luft, griffen, drohend und hilflos zugleich, ins Leere, in die alles erstarrende Kälte gebannt, wie für die Ewigkeit.

Adenauers Wunderbau. Adenauers Idee. Köln bekam die längste Hängebrücke Europas. «Millionen Kosten für die Stadt. Fünftausend Familien obdachlos, hausen in Buden aus Eierkisten. Alte Leute erfrieren und verhungern, suchen nach Eßbarem in Mülleimern . . .»

Die «Rheinische Zeitung» nährte die Erbitterung unter Arbeitern, Angestellten und kleinen Beamten. Adenauers Einkünfte wurden nachgerechnet. Gehalt, Wohnungsgeld, Aufwandsentschädigung. Dazu Tantiemen als Aufsichtsrat in der Deutschen Bank, macht zusammen im Jahr runde hunderttausend . . . «Und unsereins muß mit fünfhundert Mark im Monat rumkommen, mit zwei Kindern.» – «Und die SPD, was kann sie ändern? Der alte Fuchs steckt sie alle in die Tasche.» – «Ja, die SPD ist zu anständig.»

Der alte Fuchs, die anständige SPD. Das blieb in unseren Ohren hängen wie ein Kehrreim aller Streitgespräche, die jetzt immer heftiger und lauter wurden. Und ein neues Motiv klang auf. «Die Nazis kriegen Oberwasser, das muß so kommen. Lest, was der Robert Ley im ‹Westdeutschen Beobachter› schreibt: Adenauers Verschwendung, Adenauers Renommiersucht. Köln soll weltberühmt werden. Dafür wird geklüngelt und gebaut, gebaut, gebaut. Pressa, Stadion, Universität und Schulden wie keine andre Stadt.»

«Seit wann lest ihr den ‹Westdeutschen Beobachter›?»

«Man muß sich orientieren. Die ‹Rheinische› ist einseitig.»

«Der ‹Westdeutsche Beobachter› etwa nicht? Und der Herr Ley, dieser Quartalssäufer, diese verkrachte Existenz?»

«Ist immerhin Chemiker, bitte, hat den Doktor-Titel.»

«Aber rausgeschmissen bei IG-Farben.»

«Soll ja 'n Jude sein. In Wirklichkeit hätte er Lewy geheißen.»

«Jedenfalls weiß er, wie er die Leute aufrüttelt. Trifft den Nagel auf den Kopf.»

«Das kann der Hitler noch viel besser. Den hättet ihr hören sollen, neulich in Deutz.»

«Ach, du, rennst zu den Nazi-Kundgebungen?»

«Man muß wissen, mit wem man es zu tun hat.»

Fetzen des Gezänks über unseren Köpfen. Ahnungen wie Gewitterwolken. Sie verwehten wieder, ballten sich aufs neue. Da die großen Nazi-Kundgebungen in der Messehalle in Deutz stattfanden, auf der rechten Rheinseite, schienen sie uns nicht zu bedrohen. Unser Kinderhorizont endete am Rhein.

Die neuen, auf Pump gekauften Kohlen «Anthrazit Nuß», die teuerste Sorte, glänzten fettig schwarz und heizten prima. Wir hockten um den Ofen und hörten Radio.

«Die werden doch nicht wahnsinnig sein. Bei dieser Kälte kann der Zug nicht gehen. Wär' ja unverantwortlich.»

«Er geht bestimmt.»

«Nein, er geht nicht.»

Und er ging doch, der Rosenmontagszug im Februar

1929, bei 18 Grad minus. Er ging nicht, er lief, er rannte. Menschen, Pferde, Wagen marschierten, trabten, rollten zum irrwitzig beschleunigten Takt der Musik, der Pauken, Trommeln und Trompeten. Heulend und winselnd klangen die Lieder: «Hajuja, Hajuja, jätz jeht et widder juja.» Wie letzte Gesänge von Verurteilten. Der Ansager bellte und hustete in der eisigen Luft und schwärmte in trotziger Schnaps-Ekstase: «Da kommen sie, da kommen sie. Unsere treuen, standhaften, tapferen Karnevalsjekken, unsere Freunde! Sie haben uns nicht im Stich gelassen. Nein, da sind sie schon, die rot-weißen Funken in ihren prächtigen seidenen Uniformen. Die Pferde schnauben weiße Wolken, die Federbüsche stehen starr. Und das Funkenmariechen! Süße tapfere Kleine! Sie tanzt in ihrem weißen Plisseeröckchen. Bißchen schneller als sonst. Dank, Dank. Und da kommt der Prinzenwagen. Er steht noch aufrecht, unser guter Prinz Karl. Er lebe hoch. Alaaf, alaaf! Er schwankt, schmeißt Kamellen und kippt fast um. Woher wohl? Natürlich, er hat von innen eingeheizt, damit er seine Prinzenpflicht erfüllen kann. Und hinter ihm Bauer und Jungfrau. Sie winken und lassen die Flasche kreisen. Und da? Was kommt denn da auf hohem Wagen herangewankt? Eine Riesen-Pappkuh mit dem Namen Köln. Sie zittert in der Kälte. Und der lange Lulatsch in Cut und gestreiften Hosen, der neben ihr steht, der Länge lang gebückt, um sie zu melken, wer ist das wohl? Ja, Sie haben es erraten, meine lieben Hörerinnen und Hörer. Unverkennbar trägt er die Züge unseres verehrten Oberbürgermeisters Konrad Adenauer. Jawohl, er ist es.»

«Ajuja, ajuja. Es war einmal ein treuer Husar.»

Vater, Onkel und Tanten und die Großeltern klatschten sich auf die Schenkel vor Vergnügen, zuckten und ruckten und hopsten auf dem Sofa und den Polsterstühlen. Die Männer stampften den Takt mit, die Frauen begannen zu schunkeln. In der Hitze des Zimmers, im Dunst des starken Grogs, den sie getrunken hatten und noch tranken und der vermischt war mit dem Geruch der frischgebackenen, ölig-zuckrigen Muzemandeln, schmolz alles dahin, Familienstreit, Sorgen, Neid, Standesdünkel, Parteigezänk. Der Vater packte die runde Messingplatte vom buntlackierten «Kairo-Tischchen», das die Mutter als Andenken an ihre Ägyptenreise hoch und heilig hielt, räumte Zigarrenkisten und Aschbecher weg, hielt die schwere Platte senkrecht hoch und schlug aus voller Kraft mit der Faust auf das Metall, das bei jedem Schlag nachhallte wie eine indische Tempelglocke, schlug im Takt des Schlagers, der jetzt, begleitet von Pfeifen und Johlen und wilder Knallerei aus dem Lautsprecher drang: «Jätz weed op die Trumm jeklopp, bumm bumm bumm. Bes mer Jecke stonn om Kopp, bumm bumm bumm!» Die Kinder waren entzückt, berauschten sich an der Illusion, daß die Großen plötzlich einig schienen, tobten und tanzten im Zimmer und auf dem Flur und johlten, was die Lunge hergab.

Beklommen, mit ängstlich gespanntem Gesicht sah die Mutter zu. Sie mochte die Wohnzimmerorgien nicht, die jähen Ausbrüche von Lustigkeit des Vaters. Sie wußte, danach kam der Katzenjammer, die Schwermut, die Lethargie.

Nach Aschermittwoch berichteten die Zeitungen, an der «Karnevalsfront» habe es siebzehn Tote gegeben.

Teilnehmer und Begleiter des Rosenmontagszugs, die an Lungenentzündung gestorben oder Betrunkene, die auf dem Heimweg zusammengesackt, eingeschlafen und erfroren waren. Einer von ihnen wurde in der Kempnerstraße unter einer Laterne aufgelesen, starr wie ein Baumstamm, grüngrau im Gesicht. Nur die Pappnase, die an dünnen Gummischnüren hing und festgefroren war, leuchtete feuerrot.

# Kinderschreck

Als der Rhein wieder strömte, war der Vater arbeitslos. Er hatte gekündigt. Tausend Reichsmark, die die Firma Veedol als Kaution für diesen Fall zurückbehalten hatte, waren verloren. «Ich laß mich nicht länger knebeln! Ausbeutergesellschaft, verdammte! Ziehen die Schrauben immer weiter an. Quetschen einen aus bis aufs Blut.»

«Und wovon sollen wir leben?»

Auf die verzweifelte Frage der Mutter gab er kurz und grob Antwort: «Meine Sache. Kümmer dich nicht drum.»

In der Marienburg, der Hochburg der Hautevolee am südlichen Rheinufer, wohnte die reiche Schwester. Villen mit Erkern, Zinnen und Türmchen, auf denen sich eiserne Wetterfahnen drehten, gab es da, hohe schmiedeeiserne, verschnörkelte Gitter, verschlossene Tore, Klingeln ohne Namensschilder, kiesbestreute Wege zwischen Taxushecken, Koniferen, Pappeln. Totenstille, wenn nicht ein Wachhund wütend ans Gitter fuhr.

Der Vater hatte mich mitgenommen zu diesem Bittbesuch bei Tante Helene. Um ein Darlehen ging es, für den Übergang, für die ärgste Notzeit. Nach einigem verlegenen Hinundhergerede übergab sie ihm einen Briefumschlag und ermahnte ihn, das Zigarrenrauchen aufzugeben und mich von der höheren Schule zu nehmen. Sie habe auch keine höhere Schule besucht, habe trotzdem eine gute Partie gemacht. Ein Mädchen brauche eine Aussteuer, und die könne es sich verdienen. Warum nicht als Verkäuferin? Beim Konsumverein nähmen sie Lehrmädchen mit vierzehn und fünfzehn Jahren, direkt nach der Volksschule. «Warum wollt ihr 'ne höhere Tochter aus ihr machen? Das hältst du als Vertreter nicht durch.»

Das Dienstmädchen Olga brachte uns ein Paket Kuchen in den Vorgarten nach. Ich spürte ein Würgen im Hals. Dann lag die Hand des Vaters auf meiner Schulter: «Du bleibst auf der höheren Schule.» Obwohl ich seine Heftigkeit, seine dramatischen Reden und Prophezeiungen, auch sein Verzagen und Versagen gut kannte, diesmal hatte ich Vertrauen zu seinen Worten, zu seiner Hand.

Aber die Tante Helene, die uns im blausamtenen Morgenmantel empfangen hatte, haßte ich von Stund an. Ich haßte alles an ihr, die leicht tremolierende Stimme, ihre gravitätischen Bewegungen, ihr Doppelkinn, ihr beharrliches Lächeln bei sanft gesenkten Lidern und die hochgetürmte ondulierte Frisur. Ich haßte sie mit Kinderinbrunst, denn sie hatte mir die ärgste Demütigung zugedacht, die ich mir vorstellen konnte. Ging ich am Beamtenkonsum «Gute Hoffnung» am Wilhelmsplatz vorbei, in dem sie selbst Lehrmädchen gewesen war, malte ich mir ihre Rolle genüßlich schaudernd aus. Hinter der Theke stehen, in weißer Kittelschürze, mit gerüschtem Häubchen auf dem Kopf, Tüten füllen, abwiegen. «Was wünschen Sie? Darf's noch für 'nen Groschen mehr sein? Guten Tag, vielen Dank, auf Wiedersehen.»

Der Mutter erzählte ich haarklein, wie es in der Marienburg zugegangen war. Das Blut stieg ihr in den Kopf. «Könnte ich ihr das Geld vor die Füße schmeißen.» Grollend murmelte sie vor sich hin. «Unverbesserlich, dieses Parvenu-Volk. Kein Taktgefühl, keine Bildung, keine Erziehung . . .» Dann stockte der Monolog. Da war noch was mit der reichen Schwägerin, das hätte sie gern erzählt, gehörte aber nicht vor die Ohren einer Elfjährigen, die Familiensaga von Tante Helenens Jugendsünde nämlich.

Durchgebrannt war sie. Mit einem Klavierlehrer. Erst sechzehn. Hübsch, schöne Büste und schönes blondes Haar. Aber überspannt. Sängerin wollte sie werden, weil sie ein bißchen trällern konnte, das hatte ihr «der Kerl» in den Kopf gesetzt, hatte ihr eine große Karriere versprochen. Ja, wenn mein Vater – Bruder Karl – nicht gewesen wäre! An der holländischen Grenze in einer miesen Absteige hatte er sie erwischt. Im letzten Augenblick. Das Doppelzimmer war schon bestellt. «Da hat der Karl die Helene an der Hand gepackt und ab mit ihr zum Bahnhof. Den sauberen Herrn Klavierlehrer hat er runtergeputzt, hat ihn bedroht. Das ganze Hotel ist zusammengelaufen.»

Tante Helene, sechzehnjährig. Als üppige Blondine prangte sie im Kerbschnitz-Rahmen auf dem Flur der großelterlichen Wohnung. Im langen weißen, hochgegürteten Batistkleid, traumverloren, die rechte Hand auf ein Tischchen gestützt, darauf eine künstliche Rose in schlanker Kristallvase. Die Linke hängt verlegen an der Seite, ein Spitzentüchlein zwischen den Fingern. So sah sie aus, die Helene, vor der Entführung, vor der Beinahe-Verführung durch einen mickrigen Klavierlehrer, vor dem tiefen Fall, vor der Ehrenrettung durch meinen Vater im letzten Augenblick.

Aber dann! Strafpredigten und tagelanges Geheul. Jeder Schritt wurde überwacht, bis sie unter der Haube war, schleunigst verheiratet mit dem nächstbesten Bewerber. Diesem Unhold. Das arme Ding!

«Armes Ding? Die übersteht alles, macht all seine Gemeinheiten mit. Die weiß, was sie an ihm hat.»

Wenn vom Unhold die Rede war, wußten wir Bescheid. Wo Baugruben ausgehoben, Kanalrohre verlegt, Straßen gepflastert oder geteert wurden, da stand ein Schild mit dem Namen unseres Onkels, des erfolgreichsten Tiefbau-Unternehmers in der Stadt. Ihn selbst hatten wir selten zu sehen bekommen, früher, als die Familien noch miteinander verkehrten. Wir fürchteten ihn, hatten Angst vor seiner schnarrenden Stimme, wenn er seine Söhne anfuhr wie Hunde. Immer tauchte er wie aus dem Boden geschossen auf, eine kurze stämmige Gestalt, mit breitem rötlichem Gesicht, gekleidet nach Gutsherrenart in Lodenmantel und Kordhose, mit einem Schlapphut auf dem Kopf. Schwere Stiefel trug er; die Lehmpatzen an den Sohlen schleppte er unbekümmert in die blankpolierte Villa. «Ich komme von der Baustelle.» Das duldete keinen Widerspruch.

Kinderschreck. Unhold. Alles, was aus Gesprächen zu uns drang, fügte sich zum schlimmen Bild. Das Wort «unehelich», geraunt und von einmütigem Kopfnicken begleitet, hing wie Nebel über seinem Namen. Er sei viel rumgestoßen worden, der Junge, der Arthur. Von Verwandten ins Heim, vom Heim wieder zu Verwandten. «So was bleibt nicht ohne Folgen.»

Deutlicher als aus dem Nebel seiner Herkunft trat die Gestalt des Onkels aus Anekdoten hervor, die seine Schläue, seine Brutalität ausmalen sollten. Als Pionier-Feldwebel in Rußland habe er Heeresgut unterschlagen und heimgeschickt, kistenweise. Im Urlaub schwarzgeschlachtet. Einmal eine Sau abgestochen; dabei half ihm ein Kumpan. Das war mitten auf dem Rhein, auf einem Ponton, damit keiner das Vieh schreien hörte. Die Baufirma, in die er als junger Mann eingetreten war, habe er aufgekauft, für «'nen Appel und 'n Ei». Still habe er die krummen Touren des Kompagnons belauert, dann zugepackt, «Krawatte gemacht». Die Geste des Halszuschnürens begleitete diesen Teil der Erzählung. «Aber jetzt eingerichtet wie Fürstens.» In der Diele alte Eichenschränke, Delfter Teller, Hirschgeweihe. Ein Salon in königsblauem Velour, ein Musikzimmer mit vergoldeter Ledertapete, Bechstein-Flügel, Cembalo, Harmonium, obwohl kein Mensch in der Familie musiziere. «Der Leo Eysold vom Westdeutschen Rundfunk, der wird eingeladen, mitsamt seinem Orchester.» Augenzwinkern. «Boheme bei Raffkes. Die klimpern ihnen was vor, kriegen Essen und Trinken vom Feinsten vorgesetzt und lachen sich kaputt.» Bei wirklich feinen Leuten kämen diese Neureichen trotzdem nicht an.

Der millionenschwere Onkel diente der Verwandtschaft als Popanz. Neid und Spottlust wetzten sich an ihm. Er und Tante Helene, kurz «die Marienburger» genannt, wurden zu Gegenbildern der eigenen braven, strebsamen oder kümmerlichen, glücklosen Existenz. Alle waren sich einig im Urteil. Schnell erraffter Reichtum war unmoralisch, war ein Skandal. Das prägte sich in unsere

Kinderköpfe ein. Am schlimmsten fanden wir die Sache mit dem Schweinemord auf dem Rhein. Das arme Tier, schreiend in seiner Blutlache auf schwankendem Ponton, der Onkel mit gezücktem Schlachtermesser drübergebeugt. Die Szene erstarrte in der Erinnerung wie eins der lebenden Bilder, die auf Vereinsbühnen dargestellt wurden und sich nicht auflösten, ehe der Vorhang fiel.

Eine allgemeine Verachtung für frisch erworbenes Vermögen war ohnehin verbreitet. Eltern, Großeltern und andre biedere Familienmitglieder kultivierten sie, machten sich zu Kumpanen imaginärer Ahnen, entfernter adliger Verwandter, die alle mal was Besseres gewesen seien und verarmt waren. Weshalb? Das vielbeschworene Hexenwort «Inflation» wurde uns nicht erklärt. Irgendwann im Nebel der Vergangenheit mußte dieses Ereignis stattgefunden haben, das anständige Leute besonders hart getroffen hatte, nämlich solche, die nicht «neureich» waren. «Damals kostete ein Brot 'ne Million. Und deine Aussteuerversicherung ist auch draufgegangen. Vierzigtausend Goldmark. Von heute auf morgen nichts mehr wert.»

Ich atmete heimlich auf. Vierzigtausend. Alle futsch. Gott sei Dank. Waren sie doch verbunden mit dem Wort «Aussteuer», das ich haßte wie die Pest. Denn es bedeutete Mädchensein, Heiraten, Kinderkriegen. Eine Vorstellung, die mir lästiger war als die Klage der Mutter, wir seien abgerutscht, «gesellschaftlich ganz unten», wobei sie mit der Hand tief unter die Tischkante wies.

«Oben», «unten». Das Leben war, so schloß ich, aus den Reden der Mutter, eine Art Sprossenwand, wo die Oberen, die Flinkeren und Stärkeren, den Unteren, die sich mühsam hochhangelten, auf die Finger traten und auf den Kopf spuckten, wie wir es in der Turnhalle machten, wenn die Lehrerin nicht aufpaßte. Auch von «links» und «rechts» war die Rede wie von festgelegten Plätzen, und wir merkten bald, daß die Oberen nach rechts und die Unteren nach links gehörten, gut und böse aber für alle gleich gelten sollte.

Eine verwirrende Ordnung, schwer durchschaubar. Andre Mißverständnisse kamen hinzu.

# Freundinnen

«Meta hat uns eingeladen. Für Samstag.»
Der Vater schüttelte den Kopf. «Zu Gottschalks? Nein,
da können wir nicht hin. Die fahren üppig auf. Und wir
können ihnen nichts Anständiges vorsetzen. Geht nun
mal nicht mehr, Verkehr mit solchen Leuten. Aus und
vorbei. Sag, ich wär krank . . . oder . . .»
«Nein, wir müssen hin.»
Der Vater sah verwundert auf. Entschiedenen Widerstand war er nicht gewöhnt.
«Meta hat mich gefragt, ob wir auch zu den Leuten gehören, die nichts mehr mit ihnen zu tun haben wollen,
weil sie Juden sind.»
«Quatsch. Die kennen uns lange genug. Sie wissen, wie
wir denken.»
«Also gehen wir hin.»
Der Vater gab nach, sah seine Schlipse durch, polierte
seine zerknitterten Schuhe auf Hochglanz und bürstete
sein Jackett, minutenlang.
Wir nannten sie «Tante», die kleine rotblonde Frau mit
dem zarten Mausgesicht, die uns rosa und weiß glasierte
Zuckermandeln mitbrachte und immer von einem Hauch

Lavendel umwölkt war. Tante Meta, Mutters beste Freundin, ihre einzige Rückverbindung zur feineren Welt. Bei den Ursulinerinnen waren sie zusammen gewesen. Mutter im Pensionat, eingefangen in den grauen Mauern des Klosters in der Machabäerstraße, Meta als Fahrschülerin, die täglich angereist kam, um Französisch und perfekte Manieren zu lernen. Die Religionsstunden, die Messen, die Morgenandachten brauchte sie nicht mitzumachen; die Mutter hatte sie beneidet um ihre vielen Freistunden, «wo wir mit all dem bigotten Kram beschäftigt waren». Sie blieben befreundet, die reiche jüdische Fabrikantentochter und die katholische Waise mit dem ewigen Heimweh nach einem Zuhause, das es nicht gab. Sie besuchten sich als verheiratete Frauen, erinnerten sich an die Nonnen, ihre komischen Namen, Eulalia und Sophrosine, Notburga und Emerentia, lachten und aßen heimlich Matzenbrot mit gekochtem Schinken. «Julius darf das nicht wissen. Wir leben sonst koscher!»

Julius, der Gatte, die gute Partie, der tüchtige Rechtsanwalt. «Und jeden Wunsch liest er ihr von den Augen ab. Und mit den Kindern haben sie auch Glück. Beide Jungen so fleißig und brav.» – «Hör auf. Ich kenn die Litanei. Ja, ja, die kommen weiter, die kommen voran, die kommen nach oben . . .» Die Stimmung war schon gereizt, ehe wir aufbrachen zum Besuch bei Tante Meta und Onkel Julius.

Tante Meta zeigte der Mutter die Neuerwerbungen in der Sieben-Zimmer-Wohnung, duftige silbergraue Vorhänge vor den hohen Fenstern. Sie rahmten den Blick von der Beletage auf den Hohenstaufenring ein, der breiten Allee mit ihrem Gewimmel von Fahrzeugen, Autos, Kutschen, Straßenbahnen, eiligen Fußgängern. «Eine ele-

gante Wohnung habt ihr, Meta, richtig herrschaftlich.»
Die Frauen unterhielten sich, leise, verstohlen, wie junge
Mädchen. Ich spielte mit Moritz und Gustav, den beiden
pummeligen bebrillten Söhnen. Sie hatten ein großes Kin-
derzimmer, eine prächtig lackierte Eisenbahn, eine weiße
Maus im Käfig und ein Aquarium mit Goldfischen und
Schleierschwänzen. Man aß und trank. Bertie, das
Dienstmädchen aus der Eifel, ging hin und her, servierte
lautlos und wurde gelobt, wenn sie wieder draußen war.
Sie sei treu, ehrlich, fleißig. «Wirklich anständig. So eine
kriegen wir nie wieder. Die läßt sich nicht aufhetzen.»
Es gab Champagner, Meta klopfte der Mutter auf den
Unterarm. «Schön, daß du gekommen bist, Fanny. Tut
dir doch gut, mal rauszukommen . . .» Die Mutter nickte.
Und alles wäre gutgegangen, hätten sich die beiden Männer nicht ins Raucherzimmer verzogen, wo Julius dem Vater seine teuerste Brasil anbot. Die Cognacflasche und
zwei kleine Gläser standen zwischen ihnen, und eine blaue
Dunstwolke umschwebte sie. Als wir heimgingen, hatten
beide erregte Gesichter. Der kleine dicke Onkel Julius mit
dem leicht zitternden Doppelkinn und dem scharfen
schwarzäugigen Brillenblick hielt die glimmende Brasil
zwischen den Fingern. Er schien sie mehr gelutscht als geraucht zu haben. Hastig stülpte mein Vater den Hut auf,
den er extra für diesen Besuch herausgekramt hatte.
(Sonst trug er jetzt eine dunkelblaue Arbeitermütze.) Er
verabschiedete sich: «Adieu, Julius, du wirst noch an mich
denken.» Sein barscher Ton schreckte die beiden Frauen,
die sich umarmten, auf. Betreten sahen sie auf die Männer
und gaben sich noch einmal die Hand.
Kaum aus dem Haus, noch in der Straßenbahn,

schnaubte der Vater los. «Der Julius ist verrückt, total verrückt. Mit dem kann man nicht mehr reden. Er verehrt Hindenburg! Die Sozialdemokraten sind ihm nicht vaterländisch genug. Und dann sagt der Mensch doch wirklich, den Hitler sollte man eine Zeitlang ruhig ranlassen. Die Nazis würden aufräumen, Ordnung machen. Die Roten müßten raus aus der Politik, die gäben nur dem Pöbel nach. Bist du bei Trost, Julius, hab ich gesagt. Du als Jude. Weißt du, was die Nazis mit euch vorhaben? Lies den ‹Westdeutschen Beobachter›, lies den Goebbels, hör dir den Ley an!»

Ach, das würde alles nicht so heiß gegessen wie gekocht, meinte Julius. Anständigen Juden, die das Vaterland verteidigt hätten, passierte nichts. Der Antisemitismus sei bloß Propaganda. Für den Aufbau würden tüchtige Juden bestimmt gebraucht.

«Du mußt das verstehen, Karl. Der Julius war Frontsoldat, hat im Schützengraben gelegen, hat das EK eins. Da ist er stolz drauf.»

«Meinetwegen, soll er stolz sein. Aber mir ist der Kragen geplatzt. Nur die allerdümmsten Kälber wählen ihre Metzger selber, hab ich gesagt.»

Die Mutter zuckte zusammen. «Mein Gott, mußtest du ihn so schwer beleidigen?»

Beide schwiegen bis zu Hause und schickten mich rasch ins Bett. Die Mutter wußte, daß sie ihre letzte Freundin aus besseren Tagen verloren hatte.

Manchmal betrachtete sie eine bräunlich gewordene Fotografie, die auf Karton aufgezogen war und auf ihrem Nachttisch stand. Drei junge Mädchen sitzen um einen zierlichen runden Tisch mit gußeisernen Beinen, auf dem ein aufgeschlagenes Buch liegt. Die Mädchen stecken in fußlangen Röcken, eng wie Etuis, darunter schwarze Knöpfstiefel. Ihre hochgeschlossenen Blusen mit gerüschten Kragen reichen bis unters Kinn. Enge Manschetten umschließen die Handgelenke. Die Haare sind straff aus der Stirn gekämmt und im Nacken mit einer dunklen Schleife zusammengebunden. Alle drei haben ernste, unbewegte Gesichter.

Der Name des Fotografen, der sich «Hofphotograph» nannte, steht in geschwungener Schrift, von Seerosen umrankt, auf der Rückseite des Bildes. Viel Kunst und Geduld mag er aufgewendet haben, die jungen Dinger, alberne, übermütige Vierzehnjährige, malerisch zu plazieren, vor einem halb aufgezogenen Samtvorhang, wie auf einer Bühne. Minutenlang hatten sie in denselben Posen stillhalten müssen; endlich auf die Platte gebannt, waren sie mit einem einzigen «Klick» um Jahre gealtert: erwachsene Frauen, illusionslos, bereit, ergeben in alles, was über sie verhängt war. «Unsere Backfischjahre», sagte die Mutter, wenn sie das Foto betrachtete. «Unsere schönste Zeit, trotz allem.»

Für mich war das blonde Mädchen auf dem Bild ein fremdes Geschöpf. Fremd an ihm alles, die altmodische, klösterlich prüde Kleidung, die strenge Frisur, die steife Haltung. Und in den starren Rahmen hineingepreßt das ergebene Gesicht, dem meines, wie die Leute sagten, ähnlich sei. Davon wollte ich nichts wissen. Mit diesen «Backfischen» aus dem vorigen Jahrhundert wollte ich nichts gemein haben. Ich fühlte, wenn ich das Schulfreundinnenbild betrachtete, die eigene Freiheit gefährdet; jeder, der sagte, ich sei dem Mädchen, das meine Mutter war, ähnlich, wollte mich in ihre Rolle manövrieren. Wenigstens bildete ich mir's ein.

# Namedy

Den Namen sprach ich gedehnt, Silbe für Silbe leise vor mich hin wie eine Beschwörungsformel, schloß die Augen, versuchte, mir «Na-me-dy» vorzustellen. Eine Insel im Fluß. Aus dem Morgendunst aufsteigend, Sonnenflecke auf grünen Wellen, Schwäne am Ufer und schaukelnde Nachen. Lagerfeuer, Lieder und Tanz am Abend. Sterne am nächtlichen Himmel und das leise Glucksen des Wassers. Insel der Verheißung: Namedy. Und war doch nur ein struppiges Stück Land mit zerzausten Bäumen voller Krähennester und verfilztem Gesträuch, abgetrennt vom Ufer durch einen Rheinarm bei Andernach.

Die Roten Falken hatten da ihr Zeltlager. Sie kämen umsonst hin oder fast umsonst, hatte der Kassierer, der den monatlichen Beitrag für die Partei abholte, dem Vater erzählt. «Vielleicht wäre das was für dich?» Ich sah den Silberstreifen am Horizont.

Alle anderen, die Vettern, die Mädchen aus meiner Klasse, alle, alle fuhren weg. In die Ferien, in den Urlaub, in die Sommerfrische. Mit Vater, Mutter, Schwestern, Brüdern, an die See, in die Berge, in den Schwarzwald. «Adieu.» – «Auf Wiedersehen.» – «Schade, daß du zu

Hause bleiben mußt.» Sie schickten Ansichtskarten und Fotos mit Grüßen, die wie Nadelstiche trafen. Kurt und Ernst, die Vettern, mit ihrem Vater in Trachtenjacken und Tiroler Hüten, grinsend am Gipfelkreuz. Schöne Grüße aus Oberstdorf. Da fuhren sie jedes Jahr hin. «Ja, die Eisenbahner mit ihren Freifahrtscheinen können sich's leisten. Fahren sogar zweiter Klasse.» Der Neid fraß.

Ich war feriensüchtig. Jahraus, jahrein dasselbe. Die Mutter ging mit mir und der kleinen, kummervoll bescheidenen Schwester, mit der ich sonst nie spielte, an den Rhein, bis an die «Bastei», das runde, kanariengelb gestrichene Gebäude, das aussah wie ein Pilz mit Fenstern. Drinnen konnte man sitzen und Eis essen und Musik hören, auf den Rhein schauen und auf die Schiffe, die vorüberzogen, Schleppkähne, randvoll mit Kohlen beladen, weiße Dampfer der Köln-Düsseldorfer Rheinschiffahrts-Gesellschaft mit rauchendem Schornstein und Fahnen und vergnügten Leuten an Bord, die sangen und schunkelten. Wir gingen nicht in die Bastei. Das sei ein Luxusrestaurant, sagte die Mutter.

Hinter der Bastei gab es Wiesen mit schwarzweißen Kühen und einer Bude, die sich Schweizer-Häuschen nannte. Frische rohe Milch wurde vom Schalter weg verkauft, zehn Pfennig das Glas. Die stürzten wir herunter. Die Mutter saß auf einer Bank, sah nach Norden, dachte an Worringen, an ihren famosen Oheim, ans Bürgermeisterhaus mit dem großen Garten und weinte vor sich hin, während ich versuchte, der kleinen Schwester beizubringen, wie man die Einfassung der Ufertreppchen als Rutschbahn benutzte. Viele Kinder taten das, der Stein war blank poliert von ihren Hosenböden. Die Mutter, zerstreut, versunken, schien unser Spiel zu dulden, bis sie jäh aufschrak, weil ihr klar wurde, daß die Schlüpfer dabei in Fetzen gingen. Der Heimweg war trostlos. Oft blieb sie vor dem Gebäude der Eisenbahn-Direktion stehen und sah an den mächtigen Säulen des Portikus hoch. Was sie dachte, war zu ahnen und manchmal auch als leises Gemurmel zu hören. «Wäre der Vater doch bei der Eisenbahn geblieben.»

Die großen Ferien. Sechs Wochen Einsamkeit, Langeweile, die trübste Zeit im Jahr. Namedy sollte die Wende bringen. Aber ich müßte schon zu den Roten Falken gehören, mindestens ein paar Monate vorher. Gut. Ich trabte zum Heimnachmittag, zur Lehmkuhle in Merheim, wo die Baracke stand. Vor der Tür wehte ein roter Wimpel auf hohem Mast. Die Baracke war auf einem Mauersockel errichtet, damit der Boden trocken blieb, denn in der Lehmkuhle sammelte sich Regenwasser. Drei Stufen führten zur Tür hoch. Rauch von feuchtem Holz quoll einem entgegen, wenn man sie öffnete. Ein Kanonenofen stand in der hinteren Ecke und qualmte. Um einen langen Tisch saßen Jungen und Mädchen auf Bänken, alle älter als ich, hatten kornblumenblaue Kittel an und rote dreieckige Tücher um den Hals. Und sangen und schlugen im Takt mit der Faust auf den Tisch. «Einer Woche Hammerschlag / einer Woche Häuserquadern / zittern noch in unsern Adern / aber keiner wagt zu hadern / mit uns zieht die neue Zeit / mit uns ziehiehiet die neuheue Zeit.» Ein junger Mann mit dunkelblonden Locken, hoch aus der Stirn gekämmt – es sah aus, als schritte er ständig gegen den Wind an – begleitete den Gesang auf der Klampfe. Genau gesagt, er ratschte mit seinem Daumen im Takt über sämtliche Saiten und sah mit strahlenden Augen in die Runde.

Was sonst passierte? Walter, unser Heimleiter mit dem hoch aus der Stirn gekämmten Haar, ermahnte ein paar ältere Jungen im feierlichen Ton. Sie hätten über Marthas dicken Bauch gelacht. Martha war Walters Frau. Verheiratet waren sie nicht. Sie lebten in «wilder Ehe», das galt als kühn und ehrlich. Wenn eine Frau ein Kind kriegte, sagte Walter, sei das was ganz Natürliches und damit basta. Und ob wir jetzt Mensch-ärgere-dich-nicht oder Karten-Domino spielten wollten? «Aber auf keinen Fall um Geld.»

Einmal las uns Walter eine lange Geschichte aus Sibirien vor von einem armen Jungen, der viele, viele Tage über Schneefelder laufen mußte und kurz vor dem Erfrieren und Verhungern von armen gutherzigen Bauern aufgenommen wurde, auf der Ofenbank sitzen durfte und dampfende Suppe und Brot bekam. Rußland blieb für mich seitdem eine Art Wintermärchen, grenzenlos weit und immer voll Schnee, und die Bauern, die dort lebten, waren gutherzig und arm. Die Geschichte dauerte viele Heimnachmittage lang und hing irgendwie mit der Russischen Revolution zusammen, und auch mit dem Spruch: «Proletarier aller Länder, vereinigt euch», den wir in der Baracke lernten und den der Vater manchmal zitierte.

Wie «Proletarier» aussahen, wußte keiner. Richtige Arbeiterkinder, Kinder von Leuten, die schwer schuften mußten, gab's nämlich kaum in der Baracke. Oder sie fielen nicht auf, weil sie besonders still waren. Die meisten waren Söhne und Töchter von Lehrern, die an der Freien Schule unterrichteten. In die Freie Schule gingen alle Roten Falken, außer mir. Ich erfuhr, daß sie keine Religionsstunde hätten und Lehrer und Schüler sich duzten. Fabelhaft. Komisch fand ich nur die Begrüßung. Sie sagten «Freundschaft» und klopften dabei auf den Tisch. «Freundschaft Brunhilde, Freundschaft Karlheinz, Freundschaft Mariechen.» Und erst, wenn die Blaukittel alle zusammen «Freundschaft Walter» riefen, wenn Walter reinkam! Ich machte alles mit, wollte mich daran gewöhnen – für Namedy.

Wir bekamen einen Zettel mit nach Haus. Darauf stand, was wir brauchten. Einen Schlafsack (den kann die Mutter aus zwei Nesseltüchern nähen), Trainingsanzug, warme Jacke, Strümpfe zum Wechseln, feste Schuhe, Turnschuhe, Waschzeug. Die Mutter nahm den Zettel, las ihn ziemlich unaufmerksam, wie mir schien, und legte ihn weg. Wortlos.

Drei Tage vergingen. Das Wort «Namedy» tanzte im Schlaf vor meinen Augen. Dann fragte ich zögernd: «Wie ist das mit den Sachen für Namedy?» Verlegen rieb sie über den Küchentisch. «Kind, ich muß dir was sagen.» Pause. «Namedy ist nichts für dich.» Schweigen. Ich schnappte nach Luft, brüllte, heulte, trampelte, schluchzte, schrie, kroch ins Bett und schluchzte weiter, bis mir der Hals weh tat. Dann schlief ich ein. «Namedy ist nichts für dich.» Warum nicht, warum um Gottes willen nicht, dieses bescheidene Ferienvergnügen, das so wenig kosten sollte. Die Antwort wußte ich im voraus: «Im Moment geht nichts. In unserer Lage. Du mußt das einsehen.» Ich sah nichts ein, fand die Eltern gemein, geizig. Das bißchen Geld könnten sie bestimmt zusammenkratzen, wenn sie nur wollten.

Aber wollten sie denn? Abfälliges wurde über Namedy gemunkelt. Der Lokalanzeiger, den der Vater das «Scheiß-Zentrums-Blatt» nannte, und ein paar Kirchenblätter warnten «christliche Eltern» vor der Verwilderung der Sitten auf der Rheininsel. Jungen und Mädchen in gemeinsamen Zelten, auch Vierzehn-, Fünfzehnjährige darunter. Manches sei da passiert, werde nur vertuscht. Die «Rheinische» griff die Vorwürfe auf, sprach von Verleumdern, Muckern und schmutziger Phantasie.

Was meine Eltern von den Behauptungen und Gegenbehauptungen hielten, wurde nicht erörtert. Jedenfalls nicht vor meinen Ohren. Vielleicht war die Mutter, die gewisse Ängste dank der Klosterzucht noch immer in sich trug, insgeheim damit einverstanden, daß selbst für Namedy kein Groschen übrig war. Ein letztes Mal sang ich beim Heimabend, Kloß im Hals, das Lieblingslied der Roten Falken mit: «Du Volk aus der Tiefe / du Volk aus der Not / vergiß nicht das Feuer / das in uns loht / und wenn wir uns finden / beim Marsch durch das Land / dann glüht in uns a-allen / heiheiliger Brand.»

Danach brach die Beziehung zu den Roten Falken ab. Sie zogen nach Namedy. Ich blieb zu Haus.

Die Ferien dehnten sich endlos und grau. Die Zeltsehnsucht ließ mich nicht los. Im Bett band ich mein Leintuch mit Kordel an den vier Knäufen fest. Es war ein altes breites Bett auf hohen, gedrechselten Pfosten, vom Großvater geerbt. Unter das Leintuch klemmte ich einen kurzen Stock, den Rest eines Besenstiels, den ich unter dem Gerümpel des Hausbesitzers fand. Er hielt das bis zum Zerreißen gespannte Laken in der Mitte gut einen halben Meter hoch. Das Bettzelt war mein Refugium, meine Insel.

Ich lag darin auf dem Bauch und las und las. In knapper Luft, in mattem Licht. Karl May, von den Vettern geliehen, «Ein Kampf um Rom» von Felix Dahn, Ganghofers «Ochsenkrieg» aus dem elterlichen Bücherschrank, in dem ich herumwühlen durfte zum Ausgleich für die versagten Ferienfreuden. Andere Titel wurden beschnuppert, die Bücher angeblättert, sie reizten aber nicht. Klara Viebigs «Die vor den Toren», Jakob Wassermanns «Gänsemännchen», Rudolf Herzogs «Burgenkinder», buntfarbige Halbleder-Bände der Deutschen Buchgemeinschaft, die in den Bücherschränken unserer Verwandten und Bekannten zu finden waren, so gewiß wie in den Küchen die Porzellandosen mit blauer Kursivschrift: Pfeffer, Salz, Zucker, Kümmel, Zimt.

Im oberen Regal standen graue und braune Bände, Goethe, Schiller, Lessing, «gesammelte Werke», wie eingemauert. Die rührte ich nicht an. Auch nicht Mutters Erbstücke mit der goldenen Schnörkelschrift. «Album für Deutschlands Töchter», «Gutes Benehmen zu Hause, in Gesellschaft und bei Hofe». Agnes Günthers «Die Heilige und ihr Narr». Erst recht nicht die dicken Schwarten von Marx, Engels und Bebel, die der Vater sich geliehen hatte.

Welcher Teufel ritt mich, in die hinteren Reihen des elterlichen Bücherschranks zu greifen? Bloß, weil da ein paar Bände merkwürdig nah an die Kante des Regals vorgerückt waren? Ich angelte und fand: Casanovas Memoiren, Hans Heinz Ewers «Alraune» und ein besonders dickes Buch, Goldschrift auf schwarzem Leder: «Giovanni Boccaccio. Das Decameron». Ich blätterte – es waren Bilder drin – und schleppte das Buch als Beutestück ab, in mein Bettzelt.

Zuerst die Bilder. Schöne, schlanke nackte Männer, Frauen in schleierdünnen Gewändern und darunter auch ganz nackt, paarweise, in rätselhafter Verknäuelung. Ich las und las, um zu erfahren, was da los war. Manche Geschichten halb, andere bis zu Ende. Von Mönchen und Nonnen, Rittern, Räubern und Edelmännern, von Gattinnen, die entführt wurden und gern bei den Entführern blieben, und von allerlei Lustbetrieb im Bett. Ich las und las, verstand wenig und ahnte viel. Am späten Nachmittag, ehe der Vater heimkam, brachte ich das Buch zurück und verstaute es an seinem Platz, hinter einer stark angestaubten Ausgabe der Werke Adalbert Stifters, die vom Oheim aus Worringen stammte. Mein Gesicht glühte, und nicht allein von der schwülen Luft in meinem Bettzelt. Über die Erwachsenen machte ich mir damals seltsame Gedanken.

# Streichhölzchen

Tschernikow sei ein feiner Mann, ruhig, zuverlässig. Bißchen undurchsichtig auf den ersten Blick. Mit seinen zusammengewachsenen schwarzen Augenbrauen. «Hat man ja nicht gern.» Aber das seien Vorurteile. Gut, daß er Deutsch könne. Natürlich höre man den Russen rrraus. Auf jeden Fall sei der kein Leuteschinder, kein Ausbeuter – wie die Amerikaner.

Der Vater war bei der Kölner Niederlassung der «Derop» gelandet, der deutsch-russischen Öl- und Petroleumgesellschaft. Zum Genossen Tschernikow, dem Kommissar aus Moskau, faßte er schnell Vertrauen. «Hat mir die Hand geschüttelt und mir alles Gute gewünscht. Schade, daß er wieder weg muß.» Kommissar Tschernikow tauchte in jedem Bürozimmer auf, schüttelte jedem Angestellten, jeder Stenotypistin die Hand, zwinkerte freundlich durch seine runden Kneifergläser und verschwand.

Ein Deutscher saß danach auf seinem Stuhl im Chefzimmer. Er redete kühl, er mahnte den Vater, sich anzustrengen, denn er habe den schwierigsten Bezirk. Der Vater war nicht mehr Generalvertreter für die ganze Stadt wie bei Veedol. Er war nur einer von vieren. Den Norden sollte er bearbeiten, die ärmeren Viertel, in denen es noch wenig Autos und wenig Garagen und Tankstellen gab; und der Kollege Brunner hatte ihm geraten, in die KPD einzutreten. Da habe er mehr Chancen. «Was der sich denkt. Kann die Partei doch nicht wechseln wie 'n Hemd. Ich bin und bleibe Sozialdemokrat.» Er schlug mit der flachen Hand auf den Küchentisch. Es klirrte. Wir hatten nur noch vier heile Teller – unser letztes Küchenporzellan, von dem wir täglich aßen. Das mit den blassen lila Rosen bemalte Porzellan der Aussteuer blieb unberührt. Vom «guten Service», das im kalten Eßzimmer im Buffet gestapelt war, gab die Mutter kein Stück heraus. Ein paar vertrocknete, nach Moder riechende gelbe Rosen, in einen grauen Fetzen Tüll gewickelt, lagen in der Suppenterrine, ihr Brautbouquet. «An das Porzellan rührt mir keiner. Es soll nicht alles vor die Hunde gehn.»

In seiner Aktenmappe schleppte der Vater jetzt einen Kasten, der ein Futteral mit Reagenzgläsern enthielt. Sie waren mit verschiedenen Sorten Motoröl gefüllt und glänzten seidig in Schattierungen von trüb-grün bis honig-braun. Abends las er ein Buch über Ölchemie. Tagsüber versuchte er, die Kunden, denen er früher Veedol verkauft hatte, zum russischen Öl zu überreden, das aus Baku käme und viel reiner und geschmeidiger sei als das amerikanische.

Die Kunden waren mißtrauisch. Er mußte lange bei ihnen sitzen, schwätzen, ihre Launen richtig eintaxieren, aus den Gesprächen heraushorchen, ob sie bei Kasse waren. Ob man dem Herrn Kürten, der große Bogen spuckte und seine Tankstelle modernisieren wollte, sechs Faß auf Kredit liefern konnte? Und wenn er Pleite machte? Andere bestellten vorsichtig, kanisterweise. «Kleinvieh macht auch Mist.» Da war sie wieder, die Drohung, die Quote. Weit darunter durfte er nicht bleiben, dann war das Garantiegehalt, das lächerlich kleine, in Gefahr.

Nur Witwe Peters ließ ihn nicht im Stich. Ein Stündchen, vielleicht auch zwei, saß er in ihrem Kontor auf einem klapprigen Stuhl. Die mächtige Weibsperson, Besitzerin der «Nippeser Großgarage», in wallendem Schwarz auf einem hohen Ledersessel thronend, trank Likör, er Schnaps.

Wenn er heimging, einen dicken Auftrag im Buch, fiel sein leicht umflorter Blick auf das Kruzifix und den Rosenkranz, die zusammen mit einem ausgedörrten Palmzweig an die Wand gepinnt waren – über einem Kalender, der wochenlang nicht abgerissen wurde. «Ich hab die Nase voll. Ich will nicht mehr. Ich kann nicht mehr. Kein Hund hält das aus. Klinken putzen, mit Leuten reden, die man nicht mit der Zange anfassen möchte.» Gekrümmt wie im Schmerz, lag er morgens im Bett. Eine Hand bedeckte Stirn und Augen gegen die eindringende Helle, wenn die Mutter die Rolleaus hochzog. «Karl, du mußt aufstehen. Es ist acht Uhr.» Dumpfes Stöhnen. «Karl, es ist höchste Zeit. Du mußt ins Geschäft.»

Erst wenn ihre Stimme fast umkippte vor Verzweiflung, fuhr der Vater aus dem Bett, stapfte wütend ins Badezimmer und zog sich an. Oft hatte er kleine Schrammen am Hals, und der Alaunstein neben dem Rasierapparat war blutverschmiert. Wenig später knallte die Wohnungstür hinter ihm zu. Das Frühstück auf dem Küchentisch blieb unberührt.

Mußte ich, wenn die Schule erst um zehn Uhr anfing, ausgerechnet am Café Schlenk vorübergehen? Da saß der Vater, hinter Rankengewächsen halb verborgen, mit zwei anderen Vertretern der Derop, der eine demütig, der andere trotzig zuhörend. Sie tranken Kaffee, rauchten und redeten, Vater lebhaft gestikulierend auf einen Zeitungsartikel einschlagend. Die beiden anderen: Joseph Geller mit dem bleichen Mondgesicht, den sie den «Hilligenbützer» (Heiligenküsser) nannten, weil er im Fronleichnamszug mitging und eine der Stangen des Baldachins über dem Allerheiligsten trug; und jener Brunner mit der scharfen steilen Stirnfalte, der in der Kommunistischen Partei war und den Vater hineinlotsen wollte.

Sie diskutierten über Politik wie jedermann in dieser Zeit, wo die Parteiparolen immer hitziger, die Plakate immer greller wurden, Namen von Politikern mit wildem Abscheu oder in flammender Begeisterung ausgesprochen wurden. Aber die Hitler, Thälmann, Brüning, Schleicher, Papen und Hindenburg, was gingen sie uns Kinder an? Ich wußte nur, wenn der Vater morgens im Café sitzt, bringt er weniger Aufträge heim, und die Mutter zermartert sich den Kopf, wie wir die Miete bezahlen sollen. Durfte ich ihr erzählen, daß ich ihn im Café gesehen hatte? Durfte ich ihn verraten? Tagelanger Krach zwischen den beiden mit all den mir sattsam bekannten dramatischen Szenen wäre die Folge gewesen. Lieber nicht.

Außerdem: Von der Straßenbahn aus konnte man nicht ins Café Schenk sehen. Durch meine Verräterei hätte ich mich selbst verraten. Es wäre herausgekommen, daß ich zu Fuß zur Schule ging, aber Geld für die Schülerwochenkarte kassierte. Ein Schwindel, der mein Gewissen wenig belastete, denn ich machte ihn durch eigene Anstrengung wett. Fünfzehn Minuten Unterschied zwischen Fahrzeit und Gehzeit mußten aufgeholt werden, damit keiner was merkte. Und so legte ich die lange Strecke von der Wilhelmstraße in Nippes bis zur St. Apern-Straße in der Innenstadt halb laufend zurück. Überall, wo wenig Leute entgegenkamen, rannte ich, überquerte die Grünanlagen am Hansaring (Betreten des Rasens verboten), hechelte am Römerturm vorbei, jagte, das Schrillen der Klingel im Ohr, im Schulgebäude am Kastellan vorüber, die Treppen hoch bis zum zweiten Stock, überholte den Lehrer, der gemächlich auf die offene Klassentür zuschritt, und saß, schnaufend, mit hartem Herzklopfen bis zum Hals, auf meinem Platz, ehe er eintrat. Da die letzten Sekunden nicht reichten, Jacke oder Mantel draußen am Garderobenhaken aufzuhängen, knüllte ich sie zum Bündel und setzte mich drauf. Das war unbequem, aber bis zur Pause zu ertragen und erhöhte mein Selbstgefühl. Ich hatte es, wieder einmal, geschafft.

Unsere Lehrer und Lehrerinnen waren langmütig. Ein Kopfschütteln, eine Mahnung mit erhobenem Zeigefinger: «Zu spät ist zu spät, das Klingelzeichen gilt», mehr passierte nicht. So wurde die Schule zum Hafen. Eingetaucht in das Gewimmel von siebenhundert Schülerinnen, in das Geschrei und Gekreisch der Kleinen, zu denen ich gehörte, fühlte ich mich abgeschirmt gegen die häusliche Misere, sicher im Sog des Großwerdens mit den Großen, die paarweise und in Grüppchen auf den Höfen und auf dem Dachgarten auf und ab schritten, debattierten und mit den Studienreferendaren kokettierten, wie die platinblonden Zwillinge in der Oberprima, mit den sichelförmig ausrasierten Augenbrauen, die ihre üppigen Busen unter hautengen Pullovern andächtig spazierenführten. Die Filmschauspielerin Gitta Alpar war ihr Vorbild, wir bewunderten sie.

Reich war die Auswahl der Studienräte und Studienrätinnen, auf die wir unsere Sympathien und Antipathien verteilten. «Doof» oder «nett», dazwischen gab es keine Schattierungen. Ahnungslos bewegten sie sich in der Flut der Gefühle, die sie umbrandeten, unbeirrbar in der Sicherheit ihres Wissens, das sie gelernt hatten und weitergaben. Vielleicht war es diese Sicherheit, diese erhabene Distanz, die auf mich beruhigend, ja tröstend wirkte. Kein heftiger Ausbruch, keine dramatische Anklage gegen das Schicksal war zu befürchten, keine wechselseitige Beschuldigung zwischen Menschen, die ich liebte. Keine Prophezeiung kommenden Unheils, wie sie der Vater täglich von sich gab, wenn er dem Rauch seiner Zigarre nachstarrte.


«Schwäfelhölzle, Schwäfelhölzle, Schwäfelhölzle muß mer hann / daß mer alle Ogenblicke Fürle machen kann.» Professor Gotthold Ephraim Müller, unser Musiklehrer, graugelockt, stahläugig mit buschigen Brauen und eisgrauem Schnurrbart wie Einstein, übte mit uns diesen Kanon für den Westdeutschen Rundfunk. In der Sendereihe «Das deutsche Volkslied» sollten wir singen. Die schlesische Mundart machte uns schwer zu schaffen. Das Lied mußte oft geprobt werden und sägte sich ins Ohr ein. Ich trällerte es zu Hause, Anlaß genug für einen belehrenden Monolog meines Vaters. Er hielt ein eben angezündetes Streichholz hoch, bis das rote Köpfchen verglüht war und einen kleinen stechenden Gestank von sich gab. «Auch so ein winziges Ding», sagte er, könne ein Beispiel sein für den Großkapitalismus. Alle Streichhölzer der Welt (von denen er ein Dutzend oder mehr am Tag brauchte) würden von einem einzigen Fabrikanten aus Schweden geliefert. «Der hat das System erkannt, der Streichholzkönig Ivar Kreuger. Alles an sich gerissen. Ist Multimillionär, nein Milliardär. Kann Preise diktieren, Börsenkurse dirigieren, Bankpräsidenten erzittern lassen. Das ist Monopolkapitalismus in Reinkultur. Und so wird es weitergehen. Erst werden die Kleinen gefressen, dann die Mittleren, zuletzt bleiben nur die ganz Großen übrig. Aber dann . . .» Er sah grimmig in die Luft. «Kommt der große Kladderadatsch.»

Der große Kladderadatsch, das große Tohuwabohu, die Katastrophe. Davon sprach er, als ob Gewitter, Brände, Hochwasser und Erdbeben gleichzeitig am Horizont drohten, wobei mir nie klarwurde, ob er den Weltuntergang prophetisch voraussah und sich vor ihm fürchtete oder ob er ihn selbst herbeiwünschte. Denn erst dahinter schien eine bessere Welt aufzudämmern. Eine, in der es auf Intelligenz ankäme, auf Tüchtigkeit, nicht auf gepanzerte Ellenbogen und auch nicht auf Sitzfleisch «wie bei den Korinthenkackern». Wer in seinen Augen die Korinthenkacker waren, wußten wir: alle Beamten, vorab die Eisenbahner.

Schon in Hut und Mantel, ans Küchenbuffet gelehnt, versuchte er sich und uns davon zu überzeugen, daß der Kapitalismus an allem schuld sei, auch an unserer häuslichen Misere. Und jede persönliche Anstrengung müsse sinnlos bleiben, solang die Weltwirtschaftskrise dauere,

und sie sei noch lange nicht auf ihrem Höhepunkt.
Sprach's und ging fort mit seiner Aktenmappe voll Ölproben, setzte sich in den kleinen vorsintflutlichen Morris und klapperte die Kunden ab, die guten und die «faulen». Wie Paul Kürten, der sechs Faß Öl auf Kredit bestellen wollte. Die Auskunft hatte gewarnt. «Aber einen Auftrag von sechs Faß kann ich nicht schwimmen lassen.» Die Mobiloil liefere sofort, und dann sei der Kunde für immer weg . . . Kürten bekam sein Öl, der Vater habe ein «Delkredere», eine Bürgschaft, übernommen, hieß es, und das war eine gefährliche Sache.

Kürten machte Pleite und zahlte nicht, und der Vater erwartete seine Kündigung. Doch die Herren von der Derop behielten ihn, kürzten sein Garantiegehalt und verkleinerten seinen Bezirk. Kollege Brunner übernahm den abgetrennten Teil. Kollege Brunner mit der steilen Stirnfalte, der Kommunist. Und was der noch nebenbei betrieb? «Vermutlich 'ne Art Spionage für die Russen.» Neulich, als Brunner die Aktentasche geöffnet habe, um die Kundenliste rauszuziehen, sei ein Blatt mit rausgefallen. Das ganze deutsche Tankstellennetz, abgepaust! Brunner sei verlegen gewesen, habe das Blatt schnell mit Akten abgedeckt. Zu beweisen sei ja nichts . . .

# Eine Prügelei

Sexta, Quinta, Quarta. Schön hochnäsig klangen die Klassen in der höheren Schule. Trittstufen auf der imaginären Leiter, die irgendwann einmal nach oben führen mußte, aus der häuslichen Enge, aus dem Bannkreis der Zigarrenschwaden und der schwermütigen Blicke des Vaters, der weinerlichen, zerknitterten Miene der Mutter, aus dem Geruch nach Bratkartoffeln und Zwiebeln, der fast allabendlich aus den Korridortüren drang und das Treppenhaus erfüllte.

Ich schwenkte mein Quinta-Zeugnis. Hurra. Lauter Einsen und Zweien. Hausierte damit bei Verwandten und Bekannten, Zeugnis in der Linken, Sparbüchse in der Rechten, heimste Siberstücke ein, die rasselnd auf ein Unterbett von Pfennigen und Groschen fielen, auf das gewöhnliche Beutegut des Alltags.

Ich klaute. Pfennige und Groschen, die auf dem Küchenbord lagen, unterschlug in winzigen Portionen Restgeld vom Einkauf, behielt beim Tausch alter Lehrbücher winzige Sümmchen zurück, verdiente am eigenmächtigen Preisaufschlag für Hefte und Zeichenblocks, Umschlagpapier und Aufklebeschildchen, für Bleistifte, Radiergummi, Malfarben. Denn alles mußte einheitlich, nach Vorschrift der Schule sein und wurde im Papiergeschäft Lempertz in der gleichen Straße gekauft. Der Vater schimpfte: «Selbst so'n Papierladen nutzt sein Monopol aus.»

Schikanen überall. Sorgen türmten sich vor ihm auf, er sah kein Ende. «Noch sieben Jahre bis zum Abitur, ich weiß nicht, wie ich das schaffen soll.» Die Rede ging von einem möglichst frühen Schulabschluß. Nach der mittleren Reife sollte ich die Handelsschule besuchen, was Praktisches lernen und bald mitverdienen. Bei Otto Wolff könne er mich unterbringen.

Freund Otto Wolff geisterte schon lange durch Vaters Überlegungen. Warum er den mächtigen Eisenhändler seinen «Freund» nannte, er, der karg verdienende Vertreter, der sein Heil im Sozialismus erhoffte? Vielleicht war der Name die letzte, fadendünne Verbindung zu einer Welt, in der auch er einmal eine Rolle gespielt, eine Karriere versucht hatte. Vom «Rheinwerk» aus gingen Einkaufsgespräche hin und her, bis zur großen Pleite. Doch «Freund Otto» blieb ihm gewogen. Der Vater besuchte ihn in seinem Kontor, stellte seine Mappe mit den Ölproben ab, bekam eine Havanna spendiert und einen Cognac, und wenn er heimkam, beglückt wie nach einer huldreich gewährten Audienz, lobte er ihn überschwenglich. Der verstehe was von Politik, habe zwar andere Ansichten, «klar, als Schwerindustrieller», aber weitsichtig sei er! Kein Hurra-Patriot, kein Nazi.

Wir bekamen «Freund Otto» nie zu sehen. Er residierte in anderen Sphären. Ein Bild, das der Vater aus den Tagen des Rheinwerks besaß, zeigte einen älteren Herrn mit dikkem Hals und breitem Kinn und Augen wie ein trauriger Frosch.

Nein, zu Otto Wolff wollte ich nicht. Als was überhaupt? «Fremdsprachenkorrespondentin» hieß die Zauberformel. Das sei ein schöner Beruf für ein Mädchen. Der Vater ging zur Sprechstunde in die Schule, wollte sich für alle Fälle nach der Ausbildung erkundigen. Als er heimkam, blieb er wortkarg und ließ mich mit meinen Ängsten allein.

Am anderen Morgen sagte Fräulein Wallbach, die Klassenlehrerin: «Komm nach der Französisch-Stunde ins Lehrerzimmer.» Da war er wieder, der Kloß im Hals.

«Setz dich.»

Ich rutschte auf dem schwarzen Lederstuhl hin und her.

«Dein Vater war hier.»

«Ja», ich ließ den Kopf hängen.

«Es geht euch nicht gut.»

«Nein.»

Fräulein Wallbach legte den Kopf zur Seite und sah mich nachdenklich an. «Sag mal, möchtest du eine Klasse überspringen?»

Ich starrte in das freundliche, strenge Gesicht mit den hellen Eulenaugen, sprang auf, daß der Stuhl krachend hinter mir umflog.

«Du mußt natürlich fleißig sein, Stoff von einem Jahr ist aufzuholen. Wir helfen dir. Von mir kriegst du Extrastunden in Französisch. Lehrer Korten gibt dir Mathematik. Er weiß Bescheid. Was sonst nachzuholen ist, lernst du aus Büchern. Aber kein Wort davon zu anderen Schülerinnen. Hörst du! Es gäbe zuviel Unruhe.»

159

Wie ich heimgekommen bin, halb hüpfend, halb taumelnd, weiß ich kaum noch. Die Eltern saßen am Tisch. «Na?» sagten beide Eltern, als hätten sie mir was geschenkt. Ich stieß Jubelschreie aus, rannte zu den Vettern und erzählte ihnen alles.

Vorsichtig hob Lehrer Korten die Spitzen-Decke vom runden Wohnzimmertisch, faltete sie zusammen und legte sie aufs Sofa. Zweimal in der Woche kam ich zu ihm in die Wohnung, breitete meine Hefte aus, berechnete den Inhalt des Quadrates über der Hypotenuse eines gleichschenkligen Dreiecks, brütete über dem Ergebnis von a + b in Klammern zum Quadrat und ... verhedderte mich. «Also Mathematik ist nicht gerade deine Stärke», brummte Herr Korten, mein künftiger Klassenlehrer.

Fräulein Wallbach unterrichtete im Lehrerzimmer nach Schulschluß. Ich saß an der Schmalseite des langen Konferenztischs und lernte unregelmäßige Verben. «Schneller, schneller, wie heißt der Konjunktiv von avoir, dritte Person Singular? Wie im Schlaf muß das gehen.» Neugierigen Kindern hatte ich erzählt, im Lehrerzimmer sei ein Bücherschrank zu ordnen, und Fräulein Wallbach hätte mich zum Helfen bestellt. «Da willste dich wohl beliebt machen?» Ein bißchen Häme war zu dulden.

Pfingsten sollte die Versetzung sein, nach den Ferien. «Du gehst gleich am ersten Tag einfach in die Quarta zu Lehrer Korten. Deiner Klasse gebe ich die notwendige Erklärung, und bis dahin: ‹Mundhalten›.»

Es war schon warm auf dem Schulhof. Der Himmel stand glasblau über dem langgezogenen, hoch ummauerten Karree, das den Klassen der Unterstufe vorbehalten war. Die Großen hatten ihr eigenes Revier auf dem Dachgarten.

Jetzt war Pause. Gewimmel und Geschrei füllte den staubigen Hof, Kinder rannten kreuz und quer, spielten Nachlaufen, rempelten andere an, hockten in den Ecken, tauschten Butterbrote, verglichen die Schulaufgaben. Am Ende des Hofs führte eine Tür in die Turnhalle. Sie war verschlossen. Wir räkelten uns in der Nische, Frieda und ich. Ein ungewolltes Zusammentreffen. In der Volksschule hatten wir auf der gleichen Bank gesessen. Doch am Ende des vierten Schuljahres wechselte Frieda, Oberpostrats Einzige, die Schule wie alle «feinen» Kinder. Als ich mit einem Jahr Verspätung eintraf, behandelte sie mich kühl. «Tach», sagte sie und sah in die Luft. Ich, mit dem Rücken an den Innenpfosten der Tür gelehnt, verschränkte die Arme und fixierte sie. Schob die Füße auf der Türschwelle langsam vor, fast bis zur Mitte. Sah sie weiter an, unentwegt.

Plötzlich drehte Frieda den Kopf und musterte mich von oben nach unten. «Na, du. Biste jetzt endlich in der Quinta?»

Ich hielt noch ein, zwei Minuten an mich, dann kollerte es heraus: «Aber nicht mehr lang.»

«Wieso?»

«Nach Pfingsten komm ich zu euch in die Quarta.»

Frieda hob die rechte Hand und führte den Zeigefinger langsam und ausdrucksvoll an die Schläfe. «Bis wohl jeck, mitten im Jahr!» Noch mal der Fimmel.

«Doch, wirste ja sehn!» Zur Bekräftigung ein Fußtritt Richtung Frieda.

«Was fällt dir ein?» Sie trat zurück, traf mein Schienbein. Ich packte ihren Oberarm, sie meine Schulter, ich ihre dicken braunen Locken, sie mein Ohr. Tritte, Püffe, bis wir am Boden lagen, im Staub rollten, uns kratzten und bissen, blindwütend ineinander verkrallt.

«Sofort hört ihr auf! Seid ihr verrückt geworden?» Zwei Primanerinnen, die die Aufsicht führten, rissen uns auseinander. Verstört, beschämt, benommen standen wir in einem Ring von erschrockenen, erstaunten oder grinsenden Gesichtern. Frieda hatte einen Riß im Faltenrock, ich eine Schramme auf der Backe. «Bitte, bitte nicht melden.» Mein Flehen klang so kläglich, daß sich die Primanerinnen erweichen ließen. Wir lachten uns verlegen an und gaben uns zaghaft die Hand. Meine Schmach war getilgt, die Schmach des fünften Volksschuljahres. Ich hatte sie aus mir herausgeprügelt.

# Rheinwasser, Reibekuchen und Weihrauch

Wie Rheinwasser schmeckte, damals, bei Köln, lernte ich im gleichen Jahr. Bitter und herb, salzig und faulig. Und wie es roch. Unverwechselbar grün. Farben und Gerüche können eins sein. Alles, was der Strom auf seiner langen Reise überflutet, beplätschert und mitgeschleppt hatte, war im Geruch des Wassers drin. Stein und Lehm, Sand, Kiesel, Laub, Algen, Wurzeln, Kräuter, Schilf, Fisch, Holz, Teer und Öl. Alle Erinnerungen an die Landschaften, die er durchströmte, schleppte der Rhein mit und spülte sie an die Ufer der Stadt.

Er spülte sie auch durch unsere Badeanstalt. Ich stank nach Rhein, wenn ich am Ende eines langen Nachmittags nach Hause kam. Die Badeanstalt lag verankert vor der Bastei. Eine altersgraue Baracke, rundum schmale Kabinen, in der Mitte das Bassin, ausgefüllt vom schnell strömenden Fluß, der das ganze Gehäuse ständig leicht schwanken und schwappen ließ. Gitterroste an beiden Schmalseiten fingen ab, was nicht hinein sollte. Kohlköpfe, Salatblätter, Stroh, Kistenholz, Abfälle aus der Markthalle. Und dann und wann ein toter Hund.

Quer über dem Bassin hing ein dickes Tau, daran baumelte ein Emaille-Schild. «Für Nichtschwimmer» stand auf der einen Seite. Auf der anderen senkte sich der glitschige Boden schnell ab, ins Grundlose. Das Wasser war kalt, dunkel, undurchsichtig. Darin sollte und wollte ich schwimmen lernen. Die anderen in der neuen Klasse konnten es, sie hatten am Schulkursus im gekachelten Neptunbad in Ehrenfeld teilgenommen.

«Einfach rein», sagte Irma und gab mir einen Schubs. Ich trug einen Gürtel aus Korkscheiben um die Brust, paddelte und strampelte von einer der Leitern, die ins Wasser führten, zur anderen.

«Mensch, so mußte machen. Hände vor der Brust zusammen, Arme gestreckt nach vorn, Hände nach außen wie Schaufeln. Und die Beine anziehen, zur Seite, zusammen, wie 'n Frosch.» Irmas Unterricht war kurz, sie lief zum Sprungbrett, hüpfte auf dem Ende, bis es wippte, schnellte hoch und schwebte in der Luft, durchgestreckt vom Kopf bis zu den Zehenspitzen, Arme ausgebreitet wie Flügel, ehe sie lautlos und glatt eintauchte. Einen «Schwanensprung» fertigzubringen wie Irma, schien mir höchste Lust auf Erden. Klappernd vor Kälte hing ich an der Seitenstange und sah zu.

«Mach los, sonst frierst du dich kaputt!»

Also paddelte ich gehorsam von Treppchen zu Treppchen.

«Das nächste Mal zwei Korken weniger und dann so weiter, bis du's ohne Korken kannst!»

Konnte ich schwimmen, als ich zum ersten Mal ohne Korken ins Wasser stieg? Drei, vier Stöße lang. Wunderbar. Fünf, sechs, sieben Stöße, herrlich. Der Rhein trug mich, ich konnte schwimmen! Warum nicht auch vom

Brett springen, wie die anderen? «Spring! Hoch kommst du von selbst!»

Ich sprang, fühlte mich hochgetrieben, steuerte das nächste Treppchen an. Da hatte mich der Rhein erfaßt. Die Strömung in der Mitte war stark, selbst mit aller Kraft kam ich nicht dagegen an, wurde weitergetrieben, sank unter, kam hoch, schnappte nach Luft, schrie «Hilfe!» Die anderen lachten.

Der Bademeister guckte vom Putzeimer hoch, in den er überschwappendes Wasser schaufelte. «Macht keinen Blödsinn!» Nach dem dritten Untertauchen und Wieder-hochkommen bekam ich das Sperrseil zu fassen. Zwei, drei Stöße noch. Ich spürte Boden unter den Füßen, ich landete. Ich würgte. Spuckte Rheinwasser und lachte bleich und schaudernd mit den anderen, die sich krümm-ten vor Vergnügen über meine komische Darbietung. Wie Rheinwasser schmeckte, damals bei Köln, wußte ich ein für alle Mal. Der Schwanensprung gelang mir nie.

Mit feuchtem, schlecht getrocknetem Haar zogen wir heimwärts. Den Groschen fürs Fönen sparten wir. Die nassen Badeanzüge trugen wir ins Handtuch gewickelt unterm Arm. Meiner war braun mit weißen Seitenstreifen und saß straff auf meiner mageren Figur, die die stattli-cher entwickelten Freundinnen «e Büjelbrett mit Linsen» nannten.

Wir hatten Hunger, und die ersparten Föngroschen reichten für eine Runde Reibekuchen, und weil die kühle Luft am nassen Haar unangenehm war, schlichen wir in den Dom, hielten den in Pergamentpapier eingeschlage-nen Reibekuchen auf dem Rücken, das Badezeug fest un-ter den Arm geklemmt, tunkten die Finger ins Weihwasserkesselchen, schlugen das Kreuz und knicksten. Ich beherrschte die katholischen Bräuche und gefiel mir in der Mimikri.

In den hinteren Bänken kniend, zwischen gefalteten Händen, ließ sich der Reibekuchen verzehren, ohne daß einer der Schweizer aufmerksam wurde. Sie sollten ein wachsames Auge haben auf unehrerbietiges Benehmen im Gotteshaus, schritten aber nur ungern und nur in groben Fällen ein, um ihre eigene Würde nicht zu gefährden. Während sie im Dom auf und ab schritten, feierlich und so langsam, wie es die fußlange rote, mit schwarzem Samt verbrämte Robe erlaubte. Starr und unbewegt mußten sie auch ihr Haupt tragen, damit der hohe, schwarze, tütenförmige Hut nicht rutschte oder kippte.

Wir blieben nicht nur für die Dauer des Reibekuchen-Verzehrs im Dom. Manchmal saßen wir auch vor Stefan Lochners großem Dombild mit den geharnischten Heiligen und der pastellzarten Madonna, sahen die alten Glasbilder im Chor, glühend und voller Rätsel. Schön, bunt, geheimnisvoll war das alles für mich – die Gottesdienste, die Andachten in vielen Kapellen zugleich. Rotbuntgoldene Priestergewänder. Meßjungen, Weihrauch, helles Glöckchengebimmel, lateinische Gesänge, Kerzenflimmern vor Marienbildern. Komisches Heimweh. Von Zeit zu Zeit überkam es mich. Verwirrt ging ich nach Hause, eingehüllt ins Gemisch der Gerüche: Rheinwasser, Reibekuchen und Weihrauch.

«Wo habt ihr euch rumgetrieben? Um sechs Uhr war ausgemacht. Jetzt ist es acht vorbei!» Unsere Bummelzüge durch die Stadt wurden ausschweifender. Was hatten wir bei Leonhard Tietz und im Kaufhaus Peters in der Breiten

Straße zu suchen? Nichts als die neu eingebauten Roll-
treppen. Wir probierten aus, wer am schnellsten im vierten
Stock ankam, drängelten uns an Kunden vorbei, die ruhig
und stur auf den Stufen stehenblieben und sich nach oben
tragen ließen. «Verdammte Pänz, wat fällt euch ein.»
«Is ja 'n Rolltrepp, Madam. Keine Aufzuch.»
Im Rathaus wurden wir beim Paternosterfahren vom
Pförtner erwischt und rausgeschmissen: «Dat is hä kenne
Kinderspillplatz.» Vor dem Rathaus warteten wir bis zum
vollen Stundenschlag, weil da der «Blatzjabbek» über der
Uhr die Zunge rausstreckte – ein fieser Kerl mit Glupsch-
augen, Chinesenhut und Ziegenbart.

Auf dem Alten Markt umkreisten wir das rußige Denk-
mal des Jan van Werth, der hoch zu Roß saß als Reitergen-
neral. Vorher war er ein einfacher Knecht gewesen auf
dem «Kümpcheshof», der in der Nähe unserer Schule lag,
also mitten in der Stadt. Daß die Bauern einst, um der
Leibeigenschaft zu entkommen, in die Stadt flüchteten,
hatten wir gelernt; auch daß es deshalb immer enger geworden sei in den mittelalterlichen Mauern Kölns, zwischen dem Alten Markt und dem Rhein, auf sumpfigem
Grund, wo damals die Jauche durch die Gassen floß. «Die
hygienischen Verhältnisse waren ein Nährboden für an-
steckende Krankheiten. Pest, Cholera, Schwarze Pocken.
Und oft wurden ganze Teile der Altstadt ein Raub der
Flammen.» So las es sich im Heimatkundebuch. Zum
Gruseln.

Immer noch standen die schmalbrüstigen, drei Stock-
werk hohen Häuser mit ihren steilen, spitzen Zipfelmüt-
zen-Dächern am Platz. Verdreckt, verfleckt, räudig,
hohläugig. Der Putz blätterte in großen Placken ab. Fen-

sterrahmen gähnten leer. Zerbrochene Scheiben waren mit Zeitungspapier geflickt. Die schlitzschmalen Öffnungen der Gassen saugten uns an. Wir waren neugierig. Ob es stimmte, daß einer «auf dem Rothenberg» mit ausgebreiteten Armen beide Hausfronten berühren konnte? Und die Leute, die da hausten?

Wir standen und äugten und wagten keinen Schritt hinein. Denn wir waren streng ermahnt worden. Nur Verbrecher, Dirnen, Zuhälter, Rauschgiftschmuggler wohnten da. Und Mädchenhändler! «Wer da reingerät, kommt nie mehr raus. Die haben Keller wie Rattenlöcher, Gänge, untereinander verbunden. Wenn die Polizei kommt, wird gepfiffen, und alles verschwindet unter der Erde.»

Neulich hätten sie ein Mädchen mit Chloroform betäubt, ins Auto gezerrt und verschleppt. Wochenlang war sie verschwunden. Irgendwo bei Düsseldorf sei sie aufgegriffen worden, krank, total krank, «verdorben fürs ganze Leben». Die Keller hätten Ausgänge zum Rhein. Da würden Leute reingeschmissen, trieben irgendwo als Leichen an Land. So raunten und warnten Eltern, Verwandte, Bekannte. Die Polizei traue sich nicht mehr in das Viertel. Nur noch die Heilsarmee, und einzelne todesmutige Nonnen gingen hin, um die Dirnen zu bekehren.

Greuelgeschichten. Sie mischten sich mit der Sage um die «Weckschnapp», den mittelalterlichen Kerkerturm am Rheinufer, wo die Gefangenen ohne Nahrung blieben, bis sie, vor Hunger wahnsinnig, hochsprangen und nach dem «Weck», der über ihnen hing, schnappten; durch den Aufprall hätten sie eine Falltür unter sich aufgedrückt und seien in einen Kranz scharfer Messer gestürzt. Den zerstückelten Leichnam habe der Rhein fortgeschwemmt.

Greuelgeschichten, alte und neue. Man erklärte uns nicht, was Bordelle waren, was Prostitution bedeutete, man kannte die Verhältnisse auf dem Buttermarkt und in den Seitengassen nur vom Hörensagen. Aber was wir mitkriegten und in unserer Phantasie ergänzten, genügte, uns glauben zu machen, die Stadt, die in ihrem prächtigen Wappen mit den Kronen der Heiligen Drei Könige prunkte und mit elf Flämmchen an elftausend gemarterte Jungfrauen erinnerte, sei im Kern faul, in einer Art Verwesung begriffen. Obwohl der Turm von St. Martin wie ein Schutzpatron über dem verruchten Viertel wachte.

Die Weiber würden immer dreister. Sie schwärmten aus wie die Bienen, hatte in der Zeitung gestanden. Da müßte die Polizei doch eingreifen, folgerten die Ehefrauen. Das «Dirnenunwesen» in Köln wurde Thema des Tages. Wenn jemand – zum Beispiel mein Vater – zu erklären versuchte, wie dies alles mit Not, Armut, Dummheit zusammenhinge, empörten sich die Frauen. «Dat hat kein Mensch nötig, so wat. Eher jing ich doch putzen, oder in de Fabrik. Die sinn bloß ze faul.» «Jenau wie die Kerls, die auf der Straß lungern unn Jojo spielen, aber Unterstützung, die kriejen se. Könnten doch de Straß fejen.»

«Wenn isch ze saren hätt – in et Arbeitshaus mit dem Volk.» – «So reden die Nazis auch.» – «Die haben jedenfalls Energie. Die würden die Stadt säubern, verlaßt euch drauf.» – «Biste etwa schon PG, ich meine, vorsichtshalber?»

Der Vater legte den Kopf auf die Seite und sah seinen Schwager aus halb zusammengekniffenen Augen an.

# Ohrensessel

Eine alte Kommode aus Kirschbaumholz stand in der Türnische im Flur. Kleider, die geflickt oder umgeschneidert werden sollten, hingen darin an roh ins Holz gebohrten Haken. Die Schublade im unteren Teil war vollgestopft mit Lumpen und Lappen, die scharf nach Kampfer rochen. Die Kommode sah kahl aus, wie rasiert, die Löwenfüße und den Muschelaufsatz hatte der Vater abgesägt. «Alles Staubfänger, moderne Möbel sind glatt und sachlich.» Über der Kommode hing in Glas und Rahmen ein langes vielstrophiges Gedicht. «Mein Glaube» stand darüber in reichverzierten Großbuchstaben. Ich las den Text, lernte Brocken auswendig. «Ich glaube, daß die schöne Welt regieret / ein hoher, weiser, nie begriffener Geist / ich glaube, daß Anbetung ihm gebühret / doch weiß ich nicht, wie man ihn würdig preist / auch glaub ich nicht, wie Dunkelmänner lehren . . .»

Hier reißt die Erinnerung an das brav gereimte Freimaurer-Bekenntnis ab, das die Religionen aller Völker auf Erden pries und gleichberechtigt gelten lassen wollte. Exotische Namen und Orte kamen in der letzten Strophe vor. Vom Koran und vom Talmud war die Rede und vom

Ganges und vom Amazonasstrom. Gruselig endete das Gedicht. «Und tret ich einst aus meines Grabes Tiefen / hin vor des Weltenrichters Angesicht / so wird er meine Taten strenge prüfen / doch meinen Glauben, nein, das glaub ich nicht.» Von Grabestiefen wollen Kinder nichts wissen. Ein Bild vom Jüngsten Gericht, das im Wallraf-Richartz-Museum hing, zeigte, wie die Leute aussehen, die aus Gräbern steigen: bleich wie Mehlwürmer, abgezehrt, spindeldürr.

Aber was war los mit den «Dunkelmännern»? Ich stellte sie mir in schwarzen Kutten vor, mit Kapuzen, die nur Augenschlitze hatten. Der «Ku-Klux-Klan» geisterte durch die Zeitungen, auch die «Rheinische» brachte Schlimmes über ihre Femegerichte. Schreckgespenster mitten in unserer aufgeklärten Zeit! Nein, die waren nicht gemeint. «Dunkelmänner sind Fanatiker, die nur ihren eigenen Glauben gelten lassen und andere Ketzer nennen.»

«Also fromme Katholiken?»

«Ach wo, nicht alle. Heute gibt es kaum noch Glaubensfanatiker, hier in Köln bestimmt nicht.»

Trotz ihrer traurigen Klostererinnerungen blieb die Mutter katholisch. «Großvater hat uns das Ding zur Hochzeit geschenkt, zur Warnung. Wir sollten wegen der Religion nie Krach kriegen.»

Fürsorglicher Großvater. Selbst katholisch, Jesuitenschüler. Aber querköpfig, aufmüpfig, widerspenstig noch jetzt, auf stille Art im Ohrensessel, den er seit seiner Pensionierung besetzt hielt wie einen Thron. Früh hatte der junge Mann mit dem feuerroten Haarschopf Lehrer werden wollen wie sein Vater; aber er hatte allerlei «groben Unfug» getrieben, «nicht gutgetan, seine Karriere vermasselt, aus reinem Übermut». Als Modegeck im grauen Zylinder mit zwei Windspielen herumstolziert, den Dandy gespielt. Nach einer Sauftour mit seinen Kumpanen einen vollen Möbelwagen in den Rhein gekippt. Da mußten die Alten blechen! Und als Referendar habe der «rote Roland» seinen Schulrat attackiert. Der war zur Prüfung gekommen und hatte an seinem allzu freiheitlichen Religionsunterricht gemäkelt. Beide hätten am Boden gelegen, zum Gaudium der Klasse. Natürlich war es aus mit der Lehrerlaufbahn.

Den folgenschwersten Leichtsinn habe der Großvater sich auf einem Ausflug an die Mosel geleistet, beim Schwoof mit der hübschen Tochter eines kleinen, armseligen Weinbauern. Getanzt habe er mit ihr, die ganze Nacht, und nicht nur getanzt. Um Mitternacht war mehr passiert. Und der ganz kleine, armselige Weinbauer hatte sich den rothaarigen Don Juan aus der Großstadt vorgeknöpft. Er mußte sie heiraten, dieses Dorchen.

Dorchen, meine Großmutter, eine zierliche Brünette mit kohlschwarzen Augen. Daß sie kaum lesen und schreiben könne, behauptete meine Mutter. Daß sie kein Hochdeutsch, sondern nur Moseldialekt sprach, hörten wir selbst. Vergnügungssüchtig sei sie gewesen und eitel. «Damit hat sie den Großvater ruiniert, hat ihn runtergezogen.» Die Mutter deutete mit der flachen Hand mal wieder tief nach unten – es war ihre Lieblingsgeste.

Sie haßte die Schwiegermutter, kreidete ihr den Niedergang der Familie an. Nichts als Kleider im Kopf und tanzen und sich bewundern lassen! Der Großvater, der es nach seinen Eskapaden gerade noch zum Eisenbahn-Obersekretär gebracht hatte, wie sollte der das alles bezahlen? Schulden hätten sie gehabt, mehr als Haare auf dem Kopf. An ihren vier Kindern hätten sie's nach Kräften gespart. «Dein Vater wollte studieren, Ingenieur werden, hatte auch das Zeug dazu. Statt dessen haben sie ihn in die untere Beamtenlaufbahn gezwungen. Die lag ihm nicht: nach oben lecken und nach unten kratzen. Darum ist er heute so verbittert.»

Mutters Tiraden endeten in Monologen über ihr eigenes Schicksal. Die hübsche Großmutter war an allem schuld. So eine! Gnadenhalber geheiratet und noch stolz! Rabiat habe sie sich durchgesetzt, weil sie fürchtete, verachtet zu werden. «Hammer oder Amboß sein» sei ihr Leitspruch seit eh und je gewesen. Der Großvater hatte seinen Part schnell gelernt.

Jetzt saß er, am Ende eines zänkischen Ehelebens, Tag um Tag in seinem Lehnstuhl im Erker, schaute auf die Kempnerstraße, nörgelte über Passanten, über junge Mädchen in kurzen Röcken, die die Hüften schwenkten, über die Nonnen vom St. Vincent-Hospital, die immer noch ihre breit abstehenden weißen Flügelhauben trugen und bei jedem Wetter große Schirme, um die gestärkte Pracht vor dem Aufweichen zu schützen; über die Herren in Knickerbockers, die leicht spreizbeinig gingen, weil der füllige Stoff zwischen den Knien aneinander rieb. Über Studenten in vollem Wichs – diese Lackaffen – und, angeekelt, über die Männer in den braunen Uniformen. «Kackbraun», sagte der Großvater.

Er selbst ging keinen Schritt mehr vor die Tür. In seinen ausgelatschten Pantoffeln schlurfte er in die Küche, hob die Deckel von den Töpfen, in denen das Mittagessen dampfte, schnupperte und schlurfte wortlos zurück. Die

Beine trugen den schweren Körper kaum noch. Sie waren schlapp geworden vom vielen Sitzen. Resigniert sah er der Welt zu. Daß sie sich zum Schlimmern verändern werde, schien ihm gewiß. Aber er kümmerte sich nicht um Politik, hatte sich eingewickelt in ein Gespinst von Gedanken, die wir nicht verstanden, Grübeleien über Gott und die Welt, über Religion und Seelenwanderung und Moral und Kirche.

Überraschend platzte er mit seinen Mahnungen und Warnungen mitten in die banalsten Unterhaltungen, prophetisch, umloht von seinem schlohweißen Haar, doch immer mit seinem Kopfhörer auf den Ohren. Wir sollten uns mit Schopenhauer beschäftigen. Der habe die tiefste Einsicht in den Gang der Welt. Und mit Rabindranath Tagore. Wer von diesem großen indischen Denker keine Notiz nehme, sei ungebildet. Was wüßten wir vom Ahnenkult, von Mystik, von der kommenden Weltreligion. «Und sie wird kommen, die Völker sind reif dafür.»

Er verteidigte die Freimaurer, über die nur dummes Zeug gemunkelt werde. Sie hätten ihre Tradition, ihre sonderbaren Riten, aber eine gesunde, freie Einstellung zur Religion, «wie sie zum aufgeklärten Menschen paßt». Heftig schwärmte er für Carl Oscar Jatho, den evangelischen Theologen, der in Köln eine «Religion der Vernunft» verkündet hätte, «frei von Dogmen und Drohungen, von Höllenstrafen und all dem Unsinn, den Pharisäer und Pfaffen sich ausgedacht haben, um Macht über die Seelen zu gewinnen». Bebend vor Begeisterung zitierte der Alte den berühmten Prediger: «Mit einem Gott, der da heimsucht der Väter Missetat an den Kindern bis ins dritte und vierte Glied, mit einem solchen Gott kann und mag ich nicht im Himmel leben.»

«Was heißt hier Himmel?» höhnte der Vater. «Damit fängt der Blödsinn an. Es gibt keinen Gott und kein Leben im Himmel. Lernt endlich, nüchtern zu denken.»

Da protestierten die Frauen, die Tanten, die Mutter, die Großmutter, die sonst nie einer Meinung waren. «Ganz ohne Glauben geht es nicht. Es muß ein höheres Wesen geben, schon wegen der Gerechtigkeit.»

Kopfschüttelnd, die Mundwinkel grimmig verzogen, sah Vetter Ernst in die Runde, mokierte sich über die Spießer und ihre hausgemachte Philosophie, zog sich in sein Zimmer zurück und las in einem uns allen unbekannten Buch: «Der Mythus des 20. Jahrhunderts» von Alfred Rosenberg. Ein junger Geschichtslehrer hatte es reiferen Schülern des Gymnasiums empfohlen.

# Konfirmation

Warum sollte ich konfirmiert werden? Keiner von uns ging in die Kirche. Wir kannten den Pfarrer nicht, den Nachfolger des alten, der sich zur Heidenmission in Afrika berufen gefühlt hatte. «Was haben Christen da verloren? Sollen die Neger in Ruh lassen», grollte der Großvater aus dem Ohrensessel. Katholische, evangelische, freidenkerische Ansichten eiferten gegeneinander, waberten über unseren Köpfen. Der geheimnisvolle Name «Mazdaznan» tauchte auf, eine Bewegung, die sich auf den persischen Religionsstifter Zarathustra berief und mit dem altpersischen Feuerkult zusammenhängen sollte. Der Großvater sprach von der Befreiung der Seele durch die reine Flamme, und plötzlich begeisterten sich alle Mitglieder der Familie für die Feuerbestattung, die viel hygienischer sei als Erdbegräbnisse. «Faulen, von Würmern zerfressen werden, das ist doch ekelhaft.»

So wurde Metaphysisches durch die pure Streitlust der Erwachsenen auf trivialste Art erledigt und damit zugleich auch letzte Reste unseres Kinderglaubens, den die Eltern, als sie jung waren, der Form halber gepflegt hatten. (Händchenfalten, «Lieber Gott, mach mich fromm, daß ich in den Himmel komm. Amen.») Das Gebräu, das sie in unseren Köpfen angerichtet hatten, kümmerte keinen. Und doch sollte ich konfirmiert werden! «Wir können nicht immer aus der Reihe tanzen.»

Peinlich war es der Mutter schon, ihren frommen Verwandten im Bergischen Land vorzuspiegeln, ich sei zur heiligen Kommunion gegangen: Wir hätten das ohne Aufwand gemacht, in dieser schlechten Zeit. Wenn wir sie besuchten, mußte ich das Tischgebet mitsprechen und unter Tante Josephines strengem Blick das Kreuz schlagen. Und nun noch die Evangelischen vor den Kopf stoßen? Das ging nicht. Außerdem sähe es schäbig aus – als könnten wir uns nicht mal mehr eine Konfirmationsfeier leisten.

Mißmutig trottete ich zum Unterricht in die alte Volksschule. Alles sah aus wie früher. Die Wände in graugrünem Ölanstrich, Zweierbänke in zwei Blöcken. Brauner Linoleumboden. Rechts vom Katheder die schwarze Tafel, in der Ecke der eiserne Ofen, Geruch vom grünen Pulver, mit dem die Klassen täglich ausgekehrt wurden. Erinnerungen. Widerwillen. Ich saß wieder mitten unter ihnen, den Kindern aus der fünften Klasse. Die Kirche machte keinen Unterschied. Volksschüler, Mittelschüler, höhere Schüler, jahrgangsweise waren sie aufgerufen, sich zum evangelischen Glauben zu bekennen. Verstohlen sah ich sie von der Seite an. Wie alt die Mädchen aussahen! Adele mit dem großen Kopf auf schmalen Schultern und den großen, hungrigen Augen, unter denen Lidfalten wie Säcke hingen. Hanne, die Längste, immer noch mit Zöpfen und volantgesäumter Schürze. Martha mit den rachitisch verkrümmten Beinen. Sie kam nur mit Mühe in die Bank. Still dösend ließen sie die Reden des Pastors über sich ergehen, gaben keine Antwort, stellten keine Fragen. Und Karola mit dem mächtigen Busen hielt die Hand zwischen die Oberschenkel gepreßt.

Die Jungen drüben im Nachbarblock randalierten, husteten und rülpsten, gaben keine Ruhe. Hochgeschossen wie Spargel, mit riesigen roten Händen, die ziellos auf den Pulten hin und her fuhren, Papierkügelchen drehten und auf Tafel und Katheder feuerten.

Pastor Hasselhorst lächelte. Ein Mann wie ein Bär. Daß er aus Ostpreußen stamme, hatte er in der ersten Stunde erzählt, verschämt schmunzelnd, um Zutrauen werbend. «Aus Pillau, wißt ihr, wo das liegt?» – «Pillau liegt im Krrreis Pillkallen, weißt du nisch, wo Pillau liegt?» Ein Dutzend Stimmen im Stimmbruch grölte ihm entgegen, heiser und laut, ein wahrer Wolfschor. Er nahm es für heitere Zustimmung.

Der Katechismus-Unterricht geriet zur allwöchentlichen Tobestunde. Alle lauerten auf die ostpreußische Aussprache des Pfarrers und ahmten sie nach. «Du sollst Vatter und Mutter ähren, was ist das?» Fragen und Antworten gingen in johlendem Gelächter unter und Hasselhorsts Beschwörungsversuche klangen weinerlich. «Aber Kinderrchen, jätzt müssen wir mal vernünftig sein.» Ein paar Mädchen hatten Mitleid und sagten den Rädelsführern, jetzt sei's genug. Vergebens.

Münch, den kahlköpfigen Jungen mit dem einfältigen Lächeln, dem in der fünften Klasse beim Heizen die Hose geplatzt war, hatten sie angestiftet, eine Stinkbombe unter das Katheder zu legen, so daß der Pfarrer drauftreten mußte. Als es passiert war, ging Hasselhorst weg, ohne ein Wort zu sagen und ließ uns im Gestank sitzen.

Danach fiel der Unterricht ein paar Wochen aus, bis Pfarrer Müller vor uns stand, ein kleiner dicker Mann mit rosigen Backen und schütterem blonden Haar. Er wippte auf den Schuhsohlen auf und ab, schloß die Augen unter seiner randlosen Brille: «Guten Tag, ich bin der neue Pfarrer, ich denke, wir werden uns vertragen.» Er lächelte. Dann riß er plötzlich die Augen auf, grelle kleine Augen, funkelte uns an und sagte sanft und langsam, jedes Wort betonend: «Wer sich hier nicht anständig benimmt, fliegt. Verstanden?»

Es passierte nichts mehr. Die größten Flegel, jetzt brav wie Lämmer, schnurrten die vorgeschriebenen Antworten auf die Fragen des Katechismus herunter, lernten die Namen der großen und kleinen Propheten auswendig, sangen mit Stimmen wie Reibeisen «Ein feste Burg ist unser Gott», standen rumpelnd in der Bank auf zum Gebet, senkten die Köpfe und schlossen die Augen, wie es der Pfarrer vormachte.

Die Erbsünde war sein Lieblingsthema. Alle Menschen seien ihr von Geburt an verfallen, seit Adam und Evas Tagen. Ihr Sündenfall habe sich als Erbe in uns fortgepflanzt und hielte uns in Bann bis ans Ende aller Tage. Kein Entrinnen gäbe es, außer durch die Gnade unseres Herrn, durch den Opfertod Jesu Christi.

Um unsere Sündhaftigkeit zu verdeutlichen, nahm er ein Stück Kreide und zog zwei waagerechte Linien über die Tafel, die in entgegengesetzten Pfeilspitzen endeten. Dabei drückte er die Kreide so fest auf, daß sie knirschte und zerbröckelte. «Dies ist der Wille des Herrn.» Er deutete auf die obere Linie. «Er ist die reine Güte, er will das Heil der Welt. Und dies ist der Wille des sündigen Menschen.»

Die Hand fuhr ein Stück tiefer. «Böse von Grund auf, dem Willen des Herrn entgegengerichtet.» Pfarrer Müller sah uns über die Ränder seiner Brille an. «Gott in seiner Gnade nimmt den Willen des Menschen, wenn er an ihn und Jesum Christum glaubt», der Zeigefinger fuhr hoch, «und biegt ihn um.» Bei dem Wort «biegt», das er in hohem Ton, fast krähend, herausstieß, wischte er die Hälfte der unteren Linie aus, führte sie in enger Kurve in die entgegengesetzte Richtung und versah sie mit einem neuen Pfeil, so daß beide Spitzen parallel verliefen. Mit leichtem Nachdruck legte er die Kreide weg, zertrat mit der Fußspitze die abgebröckelten Reste auf dem Boden und sah uns, hochrot vor Eifer, wieder an. «Laßt uns beten.» Er schloß die Augen, krümmte Nacken und Schultern, und alle zusammen murmelten gebückt das Vaterunser.

Der Anblick war mir widerwärtig, die Lehre von der Erbsünde unerträglich. Beim Gebet hielt ich den Kopf oben und die Augen offen, und zwischen all den gebeugten Nacken bewunderte ich mich selbst.

In der folgenden Stunde, die weiter von der Erbsünde handelte, widersprach ich dem Pfarrer. Wenn Gott allmächtig sei, hätte er den Menschen nicht sündhaft machen sollen. Der Pfarrer blieb freundlich. «Das klingt recht gescheit, du hast wenigstens nachgedacht, doch an Gottes Heilsplan gibt es nichts zu rütteln und zu deuten. Auch die Versuchung des Menschen durch das Böse gehört dazu.» Die Antwort paßte mir nicht, aber das Lob des Pfarrers heimste ich ein.

Ich hatte die Lust am Widerspruch entdeckt, sie drängte nach Wiederholung. Also widersprach ich von jetzt an ständig, ohne Grund oder innere Nötigung, aus purer Eitelkeit, im Gefühl, von den anderen bewundert zu werden. Die meisten hatten Hemmungen, frei zu sprechen. Daß ich es konnte, imponierte ihnen nur zum Teil. Während ich mich zur Diskussionspartnerin des Pfarrers aufplusterte und den normalen Abfrageunterricht aufhielt, auf den die andern sich vorbereitet hatten, wuchs eine stumme Feindseligkeit um mich her. Vetter Kurt, der selbst leicht ins Stottern geriet, wenn er antworten sollte, warnte: «Die verprügeln dich eines Tages, kommt ja keiner zu Wort, wenn du mal dran bist. Ist doch peinlich, wie du schwadronierst, du als Mädchen!»

Ich war bestürzt, verstört, hielt mich fortan in Zaum, aber mit stiller Wut im Bauch, mit Verachtung für die anderen, die beim Gebet die Köpfe senkten und der Erbsünde nicht widersprachen – und für Vetter Kurt. Hielt er zu mir oder zu den anderen? «Du als Mädchen» hatte er gesagt.

Es war üblich, daß die Konfirmanden paarweise in die Kirche einzogen und vor den Altar traten. «Wer will mit wem zusammen gehen?» fragte der Pfarrer und, als die Reihe an Kurt kam: «Du gehst wohl mit deiner Cousine?» Der Vetter wurde rot und gab leise, aber deutlich die Antwort: «Nein, mit 'nem Mädchen geh ich nicht.» Jahre fast geschwisterlicher Freundschaft waren abgetan, verraten.

Ein Foto wurde vor der Prüfung gemacht. Zwei Reihen Mädchen, ordentlich gekleidet, stehend, lächelnd. Zwei Reihen Jungen, die vorderen am Boden hockend, grinsend. Dazwischen eine gemischte Reihe, der Pfarrer in der Mitte. Neben ihm ein Wesen mit verdrossenem Gesicht, die Arme vor der Brust gekreuzt, Kragen und Schlips hoch bis unters Kinn gebunden. Pullover mit spit-

zem V-Ausschnitt, wie ihn Jungen trugen. Eine Basken-
mütze sitzt schräg auf dem Kopf und verbirgt das Haar
bis auf eine in die Stirn gekämmte Tolle. Merkwürdig er-
scheint der Gegensatz zwischen der angestrengt mürri-
schen Miene, der kindlichen Stupsnase und dem mäd-
chenhaft weichen, schwellenden Mund. Das Bild ent-
sprach meinem Zustand. Mit allem war ich uneins, mit der
Kirche, die uns der Erbsünde zieh, uns klein machen
wollte von vornherein, und meiner Rolle als Mädchen.

Die schrecklichste Zumutung hing mit beidem zusammen. Ich mußte, zum ersten Mal in meinem Leben, lange
Strümpfe tragen. Sie gehörten zum schwarzen Konfirmationskleid und wurden an einem Strumpfbandgürtel befestigt. Dieses Ding aus rosa Drell war mir verhaßt. Es deutete die unausweichliche weibliche Zukunft an mit ihrer
körperlichen Unfreiheit, ihren Beschränkungen, ihren
Panzerungen. Alle Frauen der Familie trugen ein Korsett
aus rosa Drell. Jeder Blick ins elterliche Schlafzimmer ließ
die Prozedur ahnen, die darin bestand, es anzulegen,
mochten auch Haken und Ösen anstelle von Stangen und
komplizierter Doppelschnürung getreten sein, wie sie der
Kölner Männergesangverein alljährlich zum Karneval als
öffentliches Gaudi vorführte. Da stemmten die Männer
ihren als Frauen verkleideten Sangesbrüdern das Knie in
den Rücken, dann den Fuß in den Hintern und zogen aus
Leibeskräften an den Strippen, um zwischen ausgestopf-
tem Busen und Hüften eine Art Taille herauszumodellie-
ren. Ein gerngesehener Spaß. Ich fand ihn ordinär und
vermied geflissentlich jeden Blick in ein Schaufenster mit
Korsettagen.

Mein Widerwille gegen diese weibliche Intimrüstung

machte mir schon den schmalen Strumpfbandgürtel zum Symbol der Entehrung, der Schändung. Als ich das Ding anhatte, die Strümpfe an jedem Bein zweifach festgeschnallt, ging ich krumm wie eine Alte; das Konfirmationskleid aus schwarzem Crêpe Marocain, von der Hausschneiderin mit einem elfenbeinfarbenen Krägelchen garniert, hing wie eine Trauerfahne um meine magere Figur.

In der Kirche hielt ich's nicht mehr aus. Eben, als der Pfarrer die Formel sprach: «So frage ich euch, wollt ihr euren Glauben durch Worte und Tat bewähren, so antwortet mit ‹Ja›», und sechzehn Konfirmanden und Konfirmandinnen sich erhoben, preßte ich die Bauchmuskeln mit aller Kraft gegen den Rand des Gürtels. Er riß ein paar Zentimeter weit ein; ich fühlte mich freier. Auch war ich um den Augenblick des Ja-sagen-Müssens herumgekommen, hatte nur stumm die Lippen bewegt, mich nicht zu jener Kirche bekannt, deren Pfarrer uns in die Erbsünde eintunken wollte.

Von der Anstrengung, die mir heroisch vorkam, fühlte ich mich erschöpft, zerschlagen. Endlos schien der Rückweg durch den Garten der Kirche, vorbei an krüppeligen Kiefern und halbgeschmolzenen Schneepfützen. Ich fror in meinem Seidenkleid und den schlotternden Strümpfen, schwankend zwischen Vater und Mutter.

«Was ist dir?» Schüttelfrost, Fieber. «Du gehörst ins Bett.» – «Aber doch nicht heute!» Das Sofa wurde ein Stück weit aus dem Erker ins Zimmer gerückt. Eingepackt in Decken und Kissen erlebte ich mein Konfirmationsfest. Sah mit fiebrigen Augen zum Tisch hinüber, der ausgezogen war, wie alle aßen und tranken, roch den Duft von gebratenem Fleisch und Soßen, Gerüche, die mich fast zum Würgen brachten, während ich Pfefferminztee schlürfte. Sah wie durch einen Schleier ihre erhitzten Gesichter, sah, wie sie die Gläser erhoben und mir zutranken. «Prost, auf deine Gesundheit.» Hörte das Gewirr der Stimmen, die dunklen von Vater und Großvater, die helleren der Mutter und der Tante, hörte sie summen, auf- und abschwellen und plötzlich zusammensacken in gespannte Stille.

Aus dem Lautsprecher, der über ihren Köpfen auf dem Büffet stand, drang die Stimme des Ansagers: «Achtung, Achtung. Die neuesten Ereignisse aus dem Wahlkreis Bergisch-Gladbach . . . aus dem Wahlkreis Remscheid-Nord . . . aus dem Wahlkreis Unterelbe . . . aus dem Wahlkreis Garmisch-Partenkirchen . . . Für Hindenburg stimmten . . . für Hitler . . . Für Hindenburg stimmten nach bisheriger Zählung dreiundfünfzig Prozent, für Hitler zweiunddreißig Prozent. Wir melden uns wieder.»

«Verdammt», sagte der Vater, «wenn der Kerl es jetzt nicht schafft!»

«Bist du verrückt? Du, als Sozialdemokrat, jetzt willst du den Hitler?» Tante Berti, die Chorsängerin, übertönte den Redeschwall der andern und das Geklapper der Gläser und Teller. Schwer kam der Vater gegen die nun aufbrandende Empörung an. Er sei nicht für Hitler, natürlich nicht. Aber jetzt, jetzt müsse er dran. Als Reichspräsident würde er sich schnell verschleißen, dann käme er als Kanzler nicht mehr in Frage. «Wird er aber Kanzler, dann gnade uns Gott.»

Der Vater war aufgestanden und sah sich beschwörend im Kreis um, die Rechte fuchtelte über den zerlaufenen

Resten der Buttercremetorte. Alle schüttelten den Kopf. «Ach, Karl, du ewiger Schwarzseher.» Auf den Hindenburg sei Verlaß. Der habe die Verfassung beschworen. Der lasse den Hitler nicht ran. «Niemals, bestimmt nicht.» Der Streit wogte, die Gläser klirrten. «Prost sage ich trotzdem. Und Prost auf unsere Konfirmandin.» Ich blinzelte schläfrig zum Tisch, der reich besetzt war (sie hatten meine Silberbestecke ins Pfandhaus gebracht, das Konfirmationsgeschenk meiner Patentante aus Potsdam).

«Achtung, Achtung, die neuesten Ergebnisse.» Die Augenlider brannten, ich döste und träumte. Die Stimmen verwirrten sich. Hindenburg. Hitler. Der Vater. Der Pfarrer. «Befiehl du deine Wege . . .» – «So antwortet mit Ja.» – «Prost Kind, auf deine Gesundheit!»

Mein Konfirmationstag. Es war der 10. April 1932, der Tag der Stichwahl zwischen Hindenburg und Hitler um das Amt des Reichspräsidenten. Sie endete mit dem Sieg des greisen Generalfeldmarschalls; die Verwandten blieben bis spät in die Nacht und tranken darauf.

# Goethe-Jahr

«Kinder, was wißt ihr von Goethe?» Der neue Klassenlehrer war eingetreten, mit forschem Schritt, Günther Rosendahl, der beliebteste Lehrer der Schule. Primanerinnen umschwärmten ihn. Der Schulklatsch behauptete, auf Schulausflügen leiste er sich galante Scherze. Die Hübschesten versammle er um sich. Mit der schönen Jüdin Edith Jonas habe er geflirtet, in einem Gartenlokal im Königsforst habe er mit ihr aus einem Glas getrunken, ihre Zigarette zu Ende geraucht, deren Mundstück vom Lippenstift rot gefärbt war.

Uns kümmerte das Gerede wenig. Wir waren stolz, daß wir ihn jetzt hatten. Vierzig Jahre alt, ein schlanker, mittelgroßer Mann, der elegante, locker sitzende Anzüge trug. Zweiundzwanzig Mädchen, dreizehn- bis vierzehnjährige, beäugten ihn wie Luchse. Wie er stand, wie er sich drehte und bewegte, wie er gestikulierte und sprach. Und wie sein Gesicht aussah.

Schade, daß er Warzen hatte! Auf der langen Nase, deren Flügel fast ständig vibrierten, saß eine erbsengroße Ausbuchtung und eine zweite auf der rechten Backe. Eine goldgerahmte Brille mit dicken Gläsern, die Ränder breit geschliffen, ließ von seinen Augen kaum mehr erkennen als die hellblauen Augen. Schütteres, aschblondes Haar, das hinter der hohen, runden Stirn ansetzte, bedeckte den Kopf als leichter, im Gegenlicht durchsichtiger Flaum, den er oft mit einer zärtlichen Handbewegung glattstrich. Schön war der Mund, üppig, scharf umrandet, die Unterlippe breiter als die obere und leicht vorgewölbt. Sein Mienenspiel wechselte rasch zwischen Belustigtsein und Resignation.

«Kinder, was wißt ihr von Goethe?» Der leichte Spott in seiner Stimme war nicht zu überhören, als er die Frage stellte, die Pflichtfrage in Goethes 100. Todesjahr. Die Antworten schienen den unausgesprochenen Vorbehalt «Na, was könnt ihr Gören schon wissen?» zu rechtfertigen.

«Goethe war ein großer Dichter.»

«Gewiß.»

«Er wurde in Frankfurt geboren.»

«Ja, stimmt.»

«Er war Minister in Weimar.»

«Auch richtig.»

«Er hat den ‹Faust› geschrieben.»

«Gut.»

Noch ein paar Finger flogen hoch, und krähend vor Empörung meldete Christiane: «Er hat's mit siebzig Jahren noch getrieben.» Stille.

Dr. Rosendahl ging ein paar Mal auf und ab. Dann wendete er sich, milde lächelnd, der Klasse wieder zu. «Was meinst du damit?»

«Er, er . . .» Christiane wurde puterrot und stammelte. «Er hat sich mit siebzig in ein junges Mädchen verliebt.»

188

Die Spannung in der Klasse wuchs. War da eine zu frech geworden? Andererseits, wenn die Sache stimmte, wie würde der Lehrer seinen großen Dichter verteidigen? Günther Rosendahl blieb gelassen. «Ja, das ist richtig. Ulrike von Levetzow hieß dieses junge Mädchen. Er hat sie während einer Kur in Marienbad kennengelernt, und es wurde sogar erzählt, er habe ihr einen Heiratsantrag gemacht. Aber sie sah in ihm nur den berühmten, würdigen alten Herrn. Goethe hat sehr darunter gelitten, daß sie seine Liebe nicht erwiderte; er wurde krank, sterbenskrank, er stürzte in eine tiefe Lebenskrise. Goethe hat viel geliebt, sein Leben war von Liebe durchdrungen.»

Ungefähr so sprach der Lehrer, leise, langsam, feierlich, wie zu sich selbst. Sprach von den großen, starken Gefühlen, die alles umfaßten, die Natur, das All, die geliebten Frauen. Und wie sich sein großes, starkes, allumfassendes Gefühl umgewandelt habe in Dichtung. Pause. «Ich lese euch ein Gedicht aus seiner frühen Zeit vor.» Er schlug das Buch auf, das er in der linken Hand trug, dort, wo er den Zeigefinger eingeklemmt hatte. «Wie rings im Morgenglanz du mich anglühst, Frühling, Geliebter.»

Er las den Ganymed, Vers für Vers, ruhig und nur hin und wieder die Stimme hebend. Als er geendet hatte, saßen wir stumm, verlegen da. Wir genierten uns, betroffen zu sein, hätten uns gern geschüttelt wie Pudel nach einem Platzregen.

Wir, deren Eltern Ludwig Ganghofer und Felix Dahn lasen oder Vicky Baum oder Erich Maria Remarque oder Irmgard Keun. (Ihr Roman «Das kunstseidene Mädchen» stand als Fortsetzungsroman in der «Rheinischen Zeitung». Sei aber nichts für mich, war mir gesagt worden.)

Die Liebe. Das Wort bedeutete für uns Schlager- und Operettenschmus, süßliches Geträller im Radio, neckische Reklameposen. Peinliches Thema. Die scheue Schwärmerei von einzelnen für diesen oder jenen schönen Mann änderte daran nichts. Im Kollektiv waren wir stark, spröde und abwehrend. Und jetzt dieser Überfall allein durch die Macht der Sprache. Wir fühlten uns überrumpelt, hineingestoßen in eine labyrinthische Landschaft, geblendet von Glanz, ohne Ahnung von Gefahren und Grenzen. Da half kein Grinsen, keine Alberei. Auch nicht, als der Lehrer mit Inbrunst und Ernst «O Mädchen, mein Mädchen, wie lieb' ich dich» vortrug, jenes Gedicht, das durch den Tenor Richard Tauber längst zu Tode trivialisiert schien.

Der Schluß dieser Stunde war verblüffend wie der Anfang. «Ihr seht, Goethe war nicht nur ein großer Dichter, er war ein großer Liebender, er war ein großer Mensch.» Fast tonlos hatte der Lehrer die letzten Worte gesprochen. Vielleicht genierte er sich, vor einem Haufen halbwüchsiger Mädchen, die er eben erst beim Namen kannte, und deren Mimik er in seiner Kurzsichtigkeit nicht beobachten konnte. Vielleicht hatte er wider Willen etwas von seinem Inneren entblößt, eine Art Bekenntnis abgelegt, an dem wir, auch wider Willen, teilhatten.

Goethe wurde gefeiert, landauf, landab. In Schulen, in Universitäten, im Rundfunk, in den Theatern, in Volksbildungsvereinen, mit Zeitungsartikeln und Reden. Plaketten, Medaillen und Preise wurden in seinem Namen gestiftet und verliehen, und das Deutsche Goethe-Institut gegründet. Manche meinten, wie mein Vater, wir hätten dringlichere Sorgen in dieser schweren Zeit; und bei aller Bewunderung für Goethes Dichtkunst, moralisch sei er kein Vorbild gewesen, bestimmt nicht für die Jugend. Familiäre Gespräche am Rande des Festrummels umkreisten mit Vorliebe diesen Punkt. Ordentliche Leute nannten ihn «dunkel». Halb gekränkt, halb überlegen, schwieg ich, doch einmal platzte es aus mir heraus: «Goethe war ein großer Liebender, ein großer Mensch, hat unser Lehrer gesagt.» Ansichten einer Dreizehnjährigen, was galten die. Ich bekam keine Antwort, aus pädagogischer Rücksicht wohl auch die nicht, die sich deutlich in den hochgezogenen Augenbrauen der Erwachsenen abmalte: vorlautes Ding. Hat noch keine Ahnung und will mitreden . . . Doch der leise Angriff auf gängige Moralvorstellungen, die sich ein Deutschlehrer (gar ein Studienrat) erlaubt hatte, war mit Befremden wahrgenommen worden.

Es kam noch ärger. Dr. Rosendahl überraschte uns mit Bildern. Er brachte einen großen, hochformatigen Fotoband mit, sagte, der sei kostbar und teuer, eben erst erschienen und stünde ihm wenige Tage leihweise zur Verfügung. Er legte den Band auf ein Pult in der ersten Reihe. «Seht euch die Bilder an und gebt das Buch weiter. Aber Vorsicht beim Umblättern.»

Wir blätterten um und sahen: nackte Körper, Männer und Frauen aus Marmor. Die Götter der Griechen. Ich weiß nicht mehr im einzelnen, was er uns in dieser Stunde erzählt hat. Wir waren unruhig und unaufmerksam, solange das Buch kursierte. Wohl kannten wir nackte Skulpturen, den Vater Rhein mit seinen Töchtern zum Beispiel, die üppigen, überlebensgroßen Weiber, die sich im Brunnen am Kaiser-Wilhelm-Ring rund um einen triefbärtigen Alten mit Schilfkrone und Dreizack räkelten, Figuren wie aus erstarrtem grauen Teig, ewig beplätschert, grün verfleckt von glitschigen Algen. Sie gingen uns wenig an, sie gehörten zum Straßenbild, zum altmodischen Schmuck der Stadt wie auch die Denkmäler der Friedriche und Wilhelme, hoch auf ihren dicken, langbeschweiften Rössern.

Doch die Männer und Frauen im Buch, die waren wirklich nackt. Ihre Körperformen, ihre blankpolierte Haut, drängten sich dem Auge entgegen. Der Blick tastete sie ab, glitt über Schultern, Brüste, Schenkel, über die weiche Modellierung einer halb knienden Frau – der sterbenden Tochter Niobes – über einen lässig stehenden Jüngling, den Hermes des Praxiteles, mit dem Dionysosknaben auf dem Arm. Auch die hochbusige Aphrodite von Melos muß unter den Bildern gewesen sein, ihre breiten Hüften, der sanft gewölbte Bauch, das Tuch, das an der heikelsten Stelle herunterrutscht, blieben im Gedächtnis.

Für viele Kinder unserer Klasse, die meisten katholisch, einige fromm erzogen, war der Anblick ein Schock. Sophie, die Nachbarin, gehörte der «Marianischen Jungfrauenkongregation» an. Sie schlug die Augen nieder und gab das Buch hastig weiter. Andere kicherten, wurden rot, sahen scheu nach rechts und links.

Was hatte der Lehrer gewollt, als er uns die marmornen Nackten ausgiebig betrachten ließ? Wollte er die uns anerzogene Geschamigkeit mit einem Mal, ohne viel Federlesens austreiben? Im Buch waren nicht nur ganze Figuren, sondern auch Ausschnitte zu sehen, Vorder- und Hinteransichten. Beim Hermes reichte die untere Bildkante bis zum halben Oberschenkel. Unvermeidlich fiel der Blick auf das verstümmelte Genital, auf gekräuseltes Schamhaar und feste glatte Hoden. Ich wandte mich erschrok-

ken ab, wie ertappt, ratlos dem Lehrer zu. Der sah gleich-
mütig über unsere Köpfe hinweg; die Spiegelung seiner
Brillengläser ließ nicht erkennen, ob er einzelne Reaktio-
nen beobachtete.

Er sprach über die Götter, nannte ihre Namen und ihre
Bedeutung, tat, als sei ihre Nacktheit selbstverständlich.
Nur allmählich flaute die gespannte Stimmung ab. Zweiundzwanzig beklommene Untertertianerinnen mühten
sich brav, die nackten Männer und Frauen unbefangen zu
betrachten, mit reiner Ehrfurcht vor der Bildnerkunst.
Und sie fanden heraus, was sie herausfinden sollten: daß
griechische Götter und Göttinnen schön seien wie vollendete Menschen, und daß vollendete Menschen ziemlich
nahe an Götter herankämen.

Ich glaube nicht, daß viele von uns zu Hause erzählten,
was in dieser Stunde geschehen und in uns vorgegangen
war. Gestand sich doch keine ein, schockiert gewesen zu
sein und erst allmählich dem Anblick standgehalten zu haben. Auch fürchteten die fromm Erzogenen, daß ihre Eltern protestiert hätten. Und so behielten wir unseren Triumph über die Prüderie still für uns. Wir glaubten, sie
überwunden zu haben, fühlten uns, zusammen mit dem
Lehrer, über alle erhaben, die noch in ihr befangen waren,
sahen uns als heimlich in höhere Sphären Eingeweihte.
Nur Sophie aus der Marianischen Jungfrauenkongregation wurde krank, bekam Fieber und Schüttelfrost. Eltern
und Hausarzt wußten nicht, warum.

# Im Stadion

Das Trauma des Konfirmationstages: lange Strümpfe, Strumpfbandgürtel – dieses schändliche, entehrende Gestripp – war überwunden. Trainingsanzüge kamen auf, dunkelblaue oder braune aus weichem, lappigem Baumwollzeug, praktisch für Völkerball im Schulhof, praktisch für Spielturnen und Vereinstraining im Stadion, praktisch für alles. Ich zog meinen Trainingsanzug, der vom Rest der Spenden zur Konfirmation gekauft worden war, kaum noch aus. Er beutelte an den Knien und um die Hüften, stank nach Staub, Schweiß und Bohnerwachs, mit dem die Parkettböden in den Turnhallen bearbeitet wurden. Die Mutter nahm ihn manchmal abends fort, wusch ihn und hängte ihn über den Herd. Der Trainingsanzug war meine zweite Haut, mein Schutz gegen die Konkurrenz der «Schicken» in der Klasse, die in wippenden Faltenröcken daherkamen und einen breiten Ledergürtel trugen, den sie strammzogen, damit der Pullover möglichst straff über den kleinen spitzen Brüsten lag.

«Hast du nichts anderes anzuziehen?» – «Britt trägt ihn auch den ganzen Tag.» Britt war unsere neue junge Sportlehrerin. Kleine, muskulöse Person. Waden wie Keulen.

Struppige Herrenschnittfrisur. Rauhe, pelzige Stimme. Kumpel, Kumpan. Britt war anders als unsere ältliche Turn- und Handarbeitslehrerin, die immer dieselben zimperlichen Freiübungen ausführen ließ, gelangweilt beim Völkerballspiel zusah und viel zu früh auf ihrem Trillerpfeifchen blies, zehn Minuten vorm Ende der Stunde, damit wir Zeit genug hätten, uns umzuziehen. Die rauhen Kommandos unserer Neuen, die wir duzen durften, fuhren uns in die Glieder, luden ein zu fröhlicher Hatz. Rauf an den Kletterstangen, der Sprossenwand. Hechtrolle über staubige Ledermatten, Hocke, Grätsche, Kehre, Wende über Pferd und Bock; Medizinball, durch die Gasse der gespreizten Beine oder über die Köpfe und die Kette der hochgereckten Hände hinweg. In jeder Stunde fiel ihr Neues ein. Sie machte alles vor, und das Rudel folgte ihr wie eine Meute junger Jagdhunde.

Auf den Stühlen am Rand der Halle saßen die Zarteren, Schwächeren und sahen bekümmert zu. Eine Kriegerwaise, hohlwangig, blaß, rachitisch. Zwei, die ihre Brillen nicht ablegen konnten. Eine Üppige, die schon ihre «Tage» hatte, wie sie leise gestand. Britt kümmerte sich nicht um die auf den Stühlen, dachte sich auch keine leichteren Übungen für sie aus, wahrscheinlich kannte sie gar keine. Sie blieben die Ausgeschiedenen in dieser Stunde. Welten trennten uns von ihnen.

Britt beobachtete, wer höher sprang, wer schneller lief, wer den Schlagball am weitesten warf. Sie suchte Nachwuchstalente für ihren Leichtathletikverein, dessen Anfangsbuchstaben weiß auf ihren weinroten Trikots prangten: ASV. Ein berühmter Verein. Der volle Titel «Akademischer Sportverein» klang ungemildert elitär und imponierte uns. Viele Koryphäen gehörten ihm an, deutsche Meister, zweite und dritte deutsche Meister, auf jeden Fall Kanonen im Hochsprung, Hürdenlauf, Kurz- und Langstreckenlauf, Kugelstoßen, Speer- und Diskuswerfen. Zwischen ihnen hockten wir, Britts Auserwählte, auf dem Rasen, sahen ihnen beim Training zu und wurden von ihnen begutachtet. Stolz waren wir. Doch gab es kein Pardon. In der Kurve der Aschenbahn lernte ich laufen, «richtig» laufen. Die altmodische Art, kurze Schritte, angewinkelte Arme, geballte Fäuste, die Britt «Vater Jahns Stil» nannte, sollte ausgetrieben werden. Scharf umrissen im Gegenlicht, harte, körnige Schlacke unter den Füßen, beobachtet von jungen Männern, die «Sportphilologen» hießen, diente ich als Demonstrationsobjekt für falsche Haltung, falsche Bewegung. Dreimal ließen sie mich laufen. Dann rief mir einer zu: «Große Schritte. Nicht trippeln, noch größere Schritte, weit ausgreifen, so weit du kannst. Menschenskind, wozu hast du die langen Beine . . . Nicht nach vorne kippen . . . Oberkörper aufrecht. Arme nicht anpressen . . . keine Fäuste . . . Arme locker mitführen . . .»

Schwere Prozedur. Vermied ich einen Fehler, war der andere da. Der Körper bestand plötzlich aus Einzelteilen. Rumpf und Glieder wollten nicht, wie der Kopf wollte, wurden schwer und schwerer. Ich war verzagt, durchlief die Kurve zum fünften, sechsten, siebten Mal. Und immer noch stimmte dies nicht und das nicht. Ich kam mir vor wie ein ungeschicktes Zirkuspferd an der Longe.

«Setz dich», sagte der Mann, der mir zugerufen hatte. «Ruh dich aus. Du mußt das heute lernen, sonst lernst du's im Leben nicht.» Hans Busch war der weiblichen Jugend des Vereins als Trainer zugeteilt. Am Rand der Aschenbahn ließ ich mich auf den Rasen fallen. Der Trainer saß ein paar Schritte entfernt, schien nervös, zerstreut, rauchte. Einer im weinroten Trikot mit dem ASV auf der Brust kam heran, ein breitschultriger junger Mann mit kräftig modellierten Armen und Beinen, der einen Diskus in der Hand trug. Er hatte trainiert und machte Pause. Sein mächtiger Kopf war gesenkt, sein Schritt leicht wiegend. Als er neben dem Trainer am Boden hockte, sah ich, daß er volles, braunes, leicht gewelltes Haar hatte und eine Stirn, die fast ohne Einschnitt in einen geraden Nasenrücken überging.

Sah er wirklich so aus, so jünglingshaft-antikisch? Wahrscheinlich nicht. Einbildung und Wirklichkeit flossen ineinander. Die Griechenschwärmerei, die uns Günther Rosendahl eingepflanzt hatte, begann zu wirken. Sachte, wie im Traum, rückte die Gestalt Apolls aus dem Bilderbuch an die Stelle des bösen bärtigen Vatergottes, der uns mit Erbsünde bepackt hatte seit Adam und Evas Tagen. Das Wort «Pubertätsphantasie» war noch nicht in Gebrauch, damals.

Der Mann, der neben dem Trainer saß, streifte mich mit einem flüchtigen, leicht abschätzigen Blick. Die Augen – sie mochten blau-grau sein – lagen tief in den Höhlen, und um die breiten, scharf geschnittenen Lippen zogen sich Linien, die einen Anflug von Hochmut und Melancholie vermuten ließen. Vom Gespräch der beiden schnappte ich Brocken auf. Es drehte sich um meine Lauferei. «Immer dasselbe», murrte der Trainer. «Verkrampft, kippt nach vorn. Trippelschritte, wie 'ne Nähmaschine.»

«Hm», sagte der andere und schwieg. Dann verfiel er in

198

einen fast feierlichen Ton: «Das Natürliche ist eben nicht selbstverständlich. Man muß es zurückerobern. Neu aufbauen, bewußt, Stück für Stück. Denk an Kleists Marionettentheater.»

«Mensch, du mit deiner Philosophie. Die kannste doch hier nicht brauchen, bei den Gören. Die mußt du üben lassen, üben, üben. Manche lernen's nie.»

Der Breitschultrige stand auf und winkte mich heran. In einem Meter Abstand blieb ich vor ihm stehen. Seine beiden Hände lagen auf seinen Hüften. «Hier sitzt der Schwerpunkt.» Er preßte seine Daumen rechts und links in die Seiten. Die Hände griffen mit gespreizten Fingern rückwärts und bedeckten den oberen Teil seiner Gesäßmuskeln. «Hier, vom Becken muß alle Bewegung ausgehen. Schritte, Sprünge, Stoß und Wurf. Das ist die Mitte der Balance. Das Kraftzentrum. Das mußt du spüren. Alles andre lernst du später.»

Er ging weg. Ich sah, wie er an einer Wurfgrube den Diskus in der Rechten wog, im Halbkreis um sich schwang, ehe er ihn aus einer blitzschnellen Drehung des Körpers heraus ins Weite schleuderte. Sekundenlang blieb der Arm mit der geöffneten Hand in die Luft gereckt, während das Standbein nachfedernd ein-, zweimal hochhüpfte. Ich starrte hin, bis er wieder stillstand.

«He, du!» Der Trainer schreckte mich auf. «Du solltest es noch mal probieren. Aber langsam, ganz langsam. Und große Schritte, nicht den Hintern rausstippen. Hast ja gehört, worauf es ankommt.»

Ich lief, hundemüde, langsam, wie in Trance.

«Ja, so ungefähr, hast was kapiert. Jetzt biste wohl schlapp, wie?»

Ich torkelte wortlos zum Ankleideraum, ließ die Brause laufen, hockte in der Duschkabine auf dem Lattenrost wie unter einem Tropenregen, Minuten, eine viertel, eine halbe Stunde lang. Zwischen Dösen und Träumen, während die Muskeln noch vor Anstrengung zitterten, stellten sich die Erinnerungen an einen zeitlupenartigen Schwebezustand ein, in dem ich erfahren hatte, daß mein Körper mich trug, nicht umgekehrt. Der Muskelkater, der zwei oder drei Tage gedauert haben mag, war schnell vergessen.

# Schurkenstückchen

Die neugewonnene körperliche Freiheit steigerte das Selbstbewußtsein gewaltig. Von der hausbackenen Moral, die ohnehin in unserer seltsam zusammengesetzten Großfamilie ständig zerredet wurde, waren kaum noch Reste übrig, die es hätten zügeln können. Kein katholisches, kein evangelisches, kein freidenkerisches Gewissen hemmte mich zu tun, was ich für nützlich hielt – nützlich für mich, für meine Karriere, die ich mir als fabelhaft ausmalte.

Britt hatte mich aufgefordert, in der Nachwuchsklasse des Vereins mitzustarten, im Hochsprung, meiner neuerdings erwählten Disziplin. «Aber dafür brauchst du Spikes mit Absatzdornen. Kauf dir welche von Dassler. Kosten ungefähr vierzehn Mark.»

Das traf wie ein Keulenschlag. Wo sollte ich vierzehn Mark hernehmen? Ich grübelte: zwanzig Pfennig bei den Heften; Vaters Wagen waschen eine Mark; beim Einkaufen hier und da ein, zwei Groschen unterschlagen; Geld für die VDA-Sammlung. («Was, für die Radau-Patrioten?» – «Aber es ist mir peinlich, wenn ich als einzige nichts gebe.») Friederike, genannt Riekchen, einmal sitzengeblieben, brauchte Nachhilfe. Das weißblonde Mädchen mit der Pfirsichhaut und den wasserblauen Augen hatte «schon was mit 'nem Mann gehabt», wie die Klasse tuschelte. Riekchen würde wieder sitzenbleiben, wenn ihr keiner half. Die nächsten Deutschnoten waren entscheidend. Die Drohung der Mutter: «Ich sag's dem Vatter, der wird dir brraun und blau prijeln», hing als dunkle Wolke über Riekchens demütig-verträumtem Gesicht. Die Drohung zielte in doppelter Richtung: für den Fall nämlich, «daß de dich widder rrumtrreibst». (Riekes Mutter kam aus Kattowitz, ihre «Rrrs» rollten wie Wagenräder über Kopfsteinpflaster.) Und für den Fall, daß Riekchen eine Vier im Deutschen heimbrächte – das bedeutete mangelhaft, oder gar eine Fünf, also ungenügend. Denn «de verdammte Poussierrerrei» und die schlechten Noten hingen zusammen, argwöhnte Riekes Mutter.

Zu mir hatte die Mutter Vertrauen. Mein Nachhilfeunterricht, reine Hochstapelei übrigens, kostete zwei Mark die Stunde. Was konnte ich der hübschen Blondine beibringen, die mir vorkam wie ein Wesen vom Mond? Sie saß am Wohnzimmertisch, Kinn in die Hand gestützt, kaute an den Spitzen ihrer Locken und sah mich schläfrig an, während ich dozierte, das heißt die Erklärungen des Lehrers, die ich mühelos aufgegriffen hatte, hochtrabend wiederholte. Vom Sturm und Drang, vom Einfluß Shakespeares auf Goethe, vom Kampf des Individuums gegen die Gesellschaft im «Götz von Berlichingen». Das alles war Friederike reichlich schnuppe.

Erst bei den gefühlvollen Sachen wachte sie auf. Goethes Gedicht «Am See» sollte auswendig gelernt und mit lockender Stimme vorgetragen werden. Rieke, die sich vor mir weniger genierte als vor der Klasse, zeigte überraschendes Talent. Sie sprach ausdrucksvoll, flötete süß, sirenenhaft, als tauche sie selbst als «feuchtes Weib» aus der Flut empor. «Das kannst du prima, mußt dich aber melden, nicht warten, bis du aufgerufen wirst.»

In der nächsten Deutschstunde bohrte ich meinen Zeigefinger in ihre Rippen, sie saß in der Reihe vor mir. Sie kam dran, hatte Erfolg, fühlte sich ermutigt und wurde allmählich unser Deklamier-Star. Mit den «Zweien» im Mündlichen rettete sie sich übers nächste Sitzenbleiben hinweg. Und ich bekam meine Spikes.

Weiches weißes Leder, schwarze Schrägstreifen, spitze Dornen. Sie standen vor meinem Bett, meine Spikes, mein stolzer Besitz. Spikes hatte keine in der Klasse. Spikes hatten auch die Vettern nicht. Sie sammelten Bilderschecks von Halpaus, der Zigarettenmarke ihres Vaters, einzutauschen gegen Bilder von Sportkanonen. Sie zeigten mir ihre Neuerwerbungen, Idole, die sie scheu aus der Ferne verehrten. «Pah, die kenn ich persönlich. Den da und den auch. Mit denen trainier ich jetzt im Stadion.»

Vom Nachhilfe-Honorar waren ein paar Mark übriggeblieben. Ich renommierte damit vor der Mutter. Sie staunte, bekam große, geweitete Augen, in denen das Wasser hochstieg. Sie würgte an dem, was sie sagen wollte, dann kam es stoßweise heraus: «Kind, könntest du uns zum Abendessen ein paar Scheiben Cervelatwurst kaufen? Du kriegst das Geld wieder, wenn ich welches hab. Der Vater ist dann besserer Laune.» Ich stürzte weg zur nächsten Metzgerei am Wilhelmsplatz, Sekunden vor Ladenschluß. Mitleid mit meiner Mutter packte mich, schüttelte mich. Mein Eigennutz! Mein Ehrgeiz! Meine

Ziele! Ich suchte sie durchzusetzen mit allen Mitteln, vergaß und verdrängte die Misere im Elternhaus. Vergaß auch, stückchenweise und wie mir's paßte, was gut, was böse genannt wurde.

Friederike war dankbar und anhänglich. Sie kam mit ins Stadion, strengte sich beim Training im Hundert- und Zweihundertmeterlauf an und glaubte, meine Freundin zu sein. Ich merkte, daß sie den jungen Männern gefiel, und behandelte sie gönnerhaft.

In der Nähe des Stadions gab es ein Eiscafé. Da hockten wir am Abend. Die Vereinskanonen, die Nachwuchstalente, mal diese, mal jene Clique. Ich immer dabei, am liebsten zwischen den Sportphilologen, die unsere Trainer waren. Einer würde für mich zahlen, wenn ich verlegen in meinem Portemonnaie herumfingerte. Und wenn sich ein Stuhl neben Heinz, dem Diskuswerfer, ergattern ließ, saß ich drauf und hörte ihm andächtig zu. Es ging um Erfolge und Leistungen, um Sekunden und Zentimeter, um die Frage, wer von uns «in Form» gewesen sei und wer nicht. Nebenbei fielen Ratschläge und Rügen ab. Nie mehr im Leben hatte ich ein so schlechtes Gewissen wie nach mäßigen Leistungen im Hochsprung, meiner erkorenen Disziplin.

War das Fachgerede verebbt, kam Hochgestochenes aufs Tapet. Vor allem die Germanisten, die bei Professor Ernst Bertram, dem Jünger des Dichters Stefan George, studierten und sich ausdrücklich «Bertram-Schüler» nannten, diskutierten eifernd. Nietzsche, Kleist, Hölderlin, Jacob Burckhardt, George. «Die Leibfeindlichkeit des Christentums», «Das agonistische Prinzip bei den Griechen» – und wie es in der modernen Pädagogik anzuwenden sei. Redegewölk hoch über meinem Horizont. Ich schnappte auf, was aufzuschnappen war. Besonders die Sache mit der Leibfeindlichkeit des Christentums leuchtete mir ein. Ich dachte an meine Mutter im Kloster, wo die Zöglinge beim samstäglichen Bad eine Gummischürze umhängen mußten, die auf dem Wasser schwamm; sie durften ihren Körper nicht betrachten. Ich dachte an das Ensetzen der frommen Oberstudienrätin Heller über meinen kurzen Rock in der Sexta und daran, daß die katholischen Schülerinnen zur Schulmesse in der Kirche St. Maria in der Kupfergasse immer noch lange Strümpfe tragen mußten, selbst an heißen Sommertagen. Zwei alte Lehrerinnen standen im Schulflur, kontrollierten die Beine und meldeten die Namen derer, die in Söckchen kamen, den Klassenlehrern. Die allerdings ließen es bei pauschalen Ermahnungen bewenden. Dr. Rosendahl meinte lächelnd: «Kinder, ärgert euch nicht über die alten Fräuleins. Sie können nicht aus ihrer Haut.»

Tapfere alte Fräuleins. Wußten sie, für welche Tugenden, für welche Werte sie kämpften im Sommer 1932? Und wußte es denn Preußens letzter Innenminister, Dr. Franz Bracht, als er, drei Monate vor Hitlers Machtübernahme, eine Polizeiverordnung zur Überwachung der Badekleidung erließ? Die Badeanzüge der Frauen mußten angeschnittene Beine und einen Zwickel haben, unter den Armen fest anliegen, der Rückenausschnitt durfte nur bis zum Ende der Schulterblätter reichen. Den Männern wurden die beliebten Dreieckshosen verboten, nur Badehosen mit angeschnittenen Beinen und Zwickel waren erlaubt. Der «Zwickel-Erlaß» ging in die deutsche Geschichte ein.

Wir, die Stadion-Clique, fühlten uns turmhoch erhaben über die Frömmler, die Mucker, die uns vorkamen wie das letzte Aufgebot einer seltsamen, aussterbenden Rasse. Wir fühlten uns frei bis zum Übermut zwischen unseren bewunderten Athleten, deren Schützlinge wir waren; wir blieben viele Nachmittage über die Trainingsstunden hinaus im Stadion, hockten auf dem Rasen, umhüllt von lauer Sommerluft und süßlichem Malzgeruch aus der nahen Brauerei, den der Wind in Wellen herantrug, lachten über die brummenden Junikäfer, die sich im Haar verfingen, sahen zu, wie die Stars unseres Vereins liefen, sprangen, warfen, beobachteten ihre Bewegungen, ihre Haltung, ihre Technik, ihre Mimik.

An einem jener Sommerabende ging ich als letzte zum Geräteraum. Den Speer, den ich abzugeben hatte, balancierte ich auf der flachen Hand. Er kippte, ich fing ihn auf und probierte das Spiel von neuem. Ich betrieb es aus Verlegenheit, um einen bang erwarteten Augenblick hinauszuzögern: Heinz ging hinter mir her.

Er sprach mich an. Wir standen einander gegenüber, redeten dies und das. Schließlich fragte er: «Was haben Sie eigentlich vor? Ich meine nach dem Abitur.»

«Studieren natürlich.»

«Und was? Wahrscheinlich Germanistik, die meisten Mädchen studieren Germanistik.»

«Nö, lieber Kunstgeschichte.»

«Das ist schon besser. Germanistikstudentinnen sind so schrecklich fleißig. Früher oder später werden sie alle Blaustrümpfe.» Er zog die Nase kraus und schüttelte den Kopf. Dann sagte er: «Und dazu sind Sie zu schade.»

Dieser Satz. Er ging mir ein wie schwerer Südwein.

Vom Kopf durch Herz, Bauch und Knie bis in die Zehenspitzen. Antworten konnte ich nicht, leicht schwindelig ging ich heim. War ich verliebt? Sicher. Jedenfalls trunken von Eitelkeit. Es gab kaum Spiegel genug in unserer Wohnung oder Schaufenster auf der Straße, in denen ich mich betrachten konnte, von vorne und von der Seite. Besonders im Profil glaubte ich mich der Auszeichnung würdig. Der Umriß von Stirn, Nase, Mund und Kinn deutete in meiner Einbildung aufs «Klassische» hin. Deshalb versuchte ich, jedem Mann, von dem ich glaubte, daß er mich ansah, mein Profil zuzuwenden. Schnappschüsse von Klassenausflügen, auf denen alle Mädchen dem Betrachter zulächeln, zeigen eine, die aus unerfindlichen Gründen ihr Profil ins Licht reckt. Die Erkenntnis, daß mit einer Stupsnase trotz eifriger Nasenmuskelstreckübung kein klassisches Profil darzustellen war, kam später.

Im Eiscafé sprach Heinz, der Verehrte, über seine Heimatstadt Trier, sprach von der Rolle Triers in der Römerzeit, von seinen antiken Ruinen, die viel mächtiger seien als die Kölns.

In Trier fand das erste Sportfest statt, an dem ich teilnehmen sollte. Ich war glücklich im Besitz meiner teuren Spikes, hatte aber keine Erfahrung im Wettkampf. Die Sprunggrube lag in der Nähe der Tribüne, die Zuschauer konnten jeden Sprung verfolgen, jedes Gesicht erkennen, mit dem aufgerufenen Namen identifizieren. Ich versagte. Versagte schon in den Vorentscheidungskämpfen. Hatte Blei in den Beinen. Verpaßte beim Anlauf die Zwischenmarke, warf die Latte bei ein Meter fünfzig ab. Der zweite Versuch mißlang knapp. Beim dritten schlug das Herz bis in den Hals. Ich traf die Zwischenmarke, der Absprung klappte, für den Bruchteil einer Sekunde schwebte ich über der Latte, da streifte der Rand des Hosensaums. Die Latte fiel in den Sand. Aus. Vorbei. Sekunden stand ich wie betäubt. Hatte ich nicht beim letzten Training ein Meter vierundfünfzig glatt übersprungen? Hatte ich geträumt? Ich glaubte mir selbst nicht mehr. Mit weichen Knien schlich ich vom Platz, verdrücktes Heulen im Hals. Fühlte verächtliche Blicke im Rücken, obwohl kein Mensch sich um mich kümmerte. Schon schallte der nächste Name durchs Megaphon.

Dumpf im Kopf, ohne Ziel, schlenderte ich durch die Straßen der Stadt. Geriet in den Dom, schaute ins Gewölbe, auf den Altar. Wollte alles vergessen, vergaß aber nicht. Sah zerstreut an den Pfeilern hoch, über Rundbogen, Joche, Rippen, fand nirgendwo Halt. Alles in der Kunstgeschichte Erlernte war ausgelöscht. Die Formeln der Bewunderung, aufgelesen bei Wilhelm Pinder, nachempfunden, nachgebetet – sie wollten sich nicht einstellen.

Im Kreuzgang zwischen dem Dom und der Liebfrauenkirche war es still und schattig. Eine Ewigkeit saß ich auf der kalten Steinbrüstung, starrte ins Innere auf Blumen und Grabsteine toter Bischöfe. Jemand tippte mir auf die Schulter. Ich fuhr herum, Heinz stand hinter mir. «Nehmen Sie's nicht tragisch. Sie hatten Pech. Lampenfieber. Das verliert sich.» Neben ihm war Friederike. Friederike aus meiner Klasse. Friederike, meine Nachhilfeschülerin mit den wasserblauen Augen und der Pfirsichhaut und den langen gebogenen Wimpern. Friederike mit der schlanken Taille und den geschwungenen Hüften.

Heinz zeigte uns seine Stadt, den Dom, die Kaiserthermen, das Amphitheater. Friederike schwieg, ich sagte, was ich Kluges wußte. Er fragte, ob ich noch bliebe, am andern Tag. «Wir könnten ins Museum gehen.» «Wir», das war an mich gerichtet, Friederike gähnte.

Aber die Mutter hatte Angst vor dem Vater. «Er tobt, wenn du nicht zeitig zurück bist», hatte sie gesagt, als sie mir seufzend die Reise bezahlte. Und sie müsse es ausbaden. Nein, ich konnte nicht bleiben. Friederike blieb. Am nächsten Trainingstag hörte ich, daß sie sich duzten. Sah sie abends Hand in Hand fortgehen.

Hölle, Tod und Teufel, dieses Weib hatte gesiegt. Über mich, die Magere, Spröde, Ehrgeizige. Sie mit ihren geschwungenen Wimpern und ihren geschwungenen Hüften. Um die Taille trug sie einen breiten schwarzen Lackledergürtel. Ich hatte kein Geld für einen Lackledergürtel. Er hätte mir auch nichts genutzt. Ich hatte keine schmale Taille, keine geschwungenen Hüften, sondern schmale wie ein Junge. Ein paar Wochen lang haßte ich mich, fand mein Profil kindisch. Meine Figur dürr, meine Bewegungen eckig.

Aber da war der Schulalltag, war unser hochgestochener Deutschunterricht. Goethe-Hölderlin-George, zuviel für Riekchens Verstand. Mit der Deklamierkunst allein schaffte sie es nicht. Von neuem drohten die Aufsatz-Zensuren. «Kannst du mir noch mal Nachhilfe geben, ein paar Stunden wenigstens?» Riekchen, die holde Törin, bettelte geradezu. Und mein Ja war halb noch ehrlich. «Ihr führt ins Leben uns hinein und laßt den Armen schuldig werden.» Was verstand ich, was verstand sie von Goethes «tragischer Schuld»? Der Unterschied bestand darin, daß sie ihre blanke Ahnungslosigkeit mit wasserblauem

Augenaufschlag zugab, ich dagegen meine Floskeln bereit hatte, die sie brav nachbetete, fast wörtlich auswendig lernte. In den nächsten Aufsatz schlecht und recht einmontiert, nutzten sie ihr nichts. «Ohne jeden Zusammenhang» stand mit roter Tinte am Rand des Heftes und unter der Arbeit das unerbittliche Urteil «Fünf». Die Folgen waren abzusehen. Beim nächsten Malheur war der blaue Brief fällig. Die Schulleitung würde den Vater kommen lassen und ihm mitteilen, der Verbleib seiner Tochter an dieser Schule sei nicht ratsam, man empfehle eine mehr praktische Ausbildung. «Ich kann dir nicht mehr helfen», sagte ich. «Aber weißt du, was? Frag doch deinen Freund Heinz. Er ist Philologe.»

«Nein, nein, nein!» Friederike schrie. Der dürfe nichts wissen. Sie würde sich zu Tode schämen.

Der nächste Trainingsnachmittag ging zu Ende. Ich trödelte auf dem Weg zur Garderobe. Alle waren im Duschraum, auch Friederike. Heinz ordnete die Speere, Kugeln, Diskusscheiben im Geräteschuppen. Ich lieferte meinen Speer ab. «Ich muß Ihnen noch was sagen.»

«Nun, was gibt's?»

Drucksend, mit gesenktem Blick gestand ich ihm meine Sorgen um Friederikes Schulkarriere. Und dann, langsam, bedächtig, leise: «Sie geniert sich, mit Ihnen drüber zu reden.»

Friederike fehlte am anderen Tag, wegen Angina. Sie fehlte eine Woche, fehlte zwei Wochen. Ich hatte ein unangenehmes Gefühl in der Magengrube. Als sie wieder kam, sah sie blaß aus wie nach einem langen Krankenlager, saß geistesabwesend an ihrem Platz. In der Pause konnte ich ihr nicht entgehen. «Du hast es gut gemeint», sagte sie leise, fast tonlos. «Trotzdem, ich habe Schluß gemacht, kann nicht mehr mit ihm sprechen. Bin doch abgrundtief blamiert.» Ich sah nicht hin, wollte nicht sehen, ob sie weinte, zuckte nur mit den Schultern.

Mein Schurkenstückchen war gelungen. Friederike ging auf eine Haushaltsschule. Ins Stadion kam sie nicht mehr. Sie nehme Ballettunterricht, erzählte ich. Für Heinz war die Affäre abgetan. Er ahnte die Hintergründe, vielleicht. Wissen wollte er sie nicht. Mich behandelte der zehn Jahre ältere Studienreferendar wie immer, freundlich, väterlich, ein kluges Schulmädchen, dessen Entwicklung er wohlwollend, ein bißchen herablassend beobachtete. Der Vierzehnjährigen, frigid und verschwärmt, wie Vierzehnjährige damals waren, gefiel es so. Für den Augenblick jedenfalls. Was später würde . . . Ich bildete mir ein, wir seien füreinander bestimmt. Und der Weg war freigeräumt, das Mittel gemein. Doch ich reklamierte zum ersten Mal im stillen für mich das Recht der überlegenen Intelligenz.

# Auftritt

Ja, wir hatten «Rosinen im Kopf», Träume, ehrgeizige Pläne, jede für sich und alle zusammen als Jugend, die von Parteien, Vereinen, Schulen und Kirchen angespornt, beschworen, auf den Schild gehoben wurde. Hoffnung der Nation. Euphorie umwölkte uns wie ein bunter Flor, während die Wirklichkeit, in der wir lebten, sich unaufhaltsam verdüsterte.

Die «Rheinische» meldete alle paar Tage einen Selbstmord. Einer stürzte sich von der Hohenzollernbrücke in den Rhein. Einer warf sich vor die Köln-Bonner-Eisenbahn. Einer erhängte sich im Stadtwald. Ausgemergelte alte Frauen streiften durch die Straßen des Viertels, sahen sich um und kramten, wenn sie sich unbeobachtet glaubten, in den Mülleimern nach Essensresten. Bettler kamen ins Haus, zehn oder mehr am Tag. «Mach nicht auf», hieß es, wenn geklingelt wurde und ein Schatten sich auf der Milchglasscheibe der Korridortür abzeichnete. Wir rührten uns nicht und schwiegen, bis der Schatten sich murmelnd entfernte. Manchmal war es zu spät. Ein kleines Geräusch hatte uns verraten. Wir hatten Angst vor Schikanen und öffneten die Tür einen Spaltbreit, bis die vorgelegte Kette sich spannte, und hörten dem Lamento zu. «Armer Mann. Arbeitslos. Seit drei Tagen nichts gegessen. Nur 'ne Keinigkeit, liebe Frau.» Butterbrote wurden durch den Spalt gereicht. Oft lagen die Schnitten später im Treppenhaus, weil keine Wurst drauf war.

«Keiner bettelt zum Vergnügen», sagte der Vater. Bis die Mutter neben der Klingel eingekratzte Striche und Kreuze entdeckte. «Das sind Bettlerzeichen. Damit verständigen sie sich untereinander.» Der Vater klebte die Zeichen mit Leukoplast zu.

Sechs Millionen Arbeitslose gab es im Deutschen Reich, über hunderttausend in Köln. Die Schlange vor dem Wohlfahrtsamt in der Nippeser Volksschule reichte weit über den Häuserblock hinaus. Auf der Siebachstraße marschierten SA-Trupps, lehmbraune Hemden, schwarze Stiefelhosen, Kappen mit Sturmriemen unter dem Kinn, Blick starr geradeaus, begleitet von Trommelschlägen wie von Maschinengewehrsalven. Anderntags Kommunisten, geflickte Windjacken und Ballonmützen zur plärrenden Schalmaien-Melodie: «Max Hölz, Max Hölz, den ihr ja alle kennt, er führt sein rotes Regiment zum Sieg.» Geballte Fäuste flogen hoch, Hände durchschnitten die Luft wie Messer. Rote Fahnen überall, mit Hakenkreuz, mit Hammer und Sichel. Neuerdings gab es welche mit drei zusammengebundenen Pfeilen. Das war das Emblem der Eisernen Front, dem Bund der Linken gegen die Rechten.

Alles marschierte. Für Deutschlands Rettung, für Deutschlands Freiheit, für Arbeit und Brot, gegen die Zinsknechtschaft, gegen die Verjudung, gegen die rote Flut, gegen die braune Pest. Schlägereien waren an der Tagesordnung. Bewaffnete SA-Männer drangen in die als

rot verschrieenen Armeleute-Viertel ein, in die Thiebolds-
gasse am Neumarkt, in die Löhrsgasse am Eigelstein, ins
Severinsviertel im Süden der Stadt, provozierten die
Kommunisten, prügelten und wurden verprügelt. Die Polizei fuhr mit Gummiknüppeln dazwischen, es gab Ver-
letzte und Tote. «Pack schlägt sich, Pack verträgt sich»,
sagte unser fleißiger Onkel Ludwig, der eben zum Amt-
mann befördert worden war. Er glaubte fest, daß die
Schlägereien auf die übel beleumdeten Viertel beschränkt
blieben.

Doch auch in der Universität rumorte es. Der NS-Stu-
dentenbund demonstrierte gegen jüdische Professoren
und marxistische Studenten, die ihrerseits die kompro-
mißlerische Politik der Sozialdemokraten, ihre Zusam-
menarbeit mit Adenauer und dem Zentrum in Grund und
Boden verdammten.

Im Stadion lebten wir wie auf einer Insel. Unsere Trainer, unsere Freunde, unsere Vorbilder sprachen selten
über Politik und wenn, dann mit Verachtung für alle Parteien. Aufregendster Gesprächsstoff waren die Rekorde
und Medaillen von Los Angeles, wo eben die Olympiade
zu Ende gegangen war. Und die Ankündigung, daß die
nächste in Berlin stattfinden sollte. 1936. Vier Jahre noch.

Bis dahin mußte ein neues Stadion in der Reichshaupt-
stadt gebaut sein, Millionen waren aufzubringen für die
Vorbereitung, und wir hörten und lasen nur von Wirt-
schaftskrisen, vom Staatsbankrott. Egal. Die Aussicht,
daß wir, der Nachwuchs, vielleicht, und die Stars, die Kanonen unseres Vereins, auf jeden Fall dabeisein könnten,
spannte sich wie ein Bogen über die Realität des Alltags
und die Bedenklichkeit der Zukunft. Darum hüllten wir

sie in Illusionen ein, Illusionen vom schöneren, freieren Menschentum, zu dem wir uns ausbilden wollten und das bei den Spielen in Berlin hervortreten werde.

Manchmal zerriß der bunte Vorhang und gab Szenen preis wie im Panoptikum, bösen Jux, halb schauerlich, halb lächerlich.

Der Nachmittag war heiß, das Training anstrengend gewesen. Der Abend, verschlendert und vertändelt, trieb uns ins teure Café Wien am Hohenzollernring. Die Trainer, ausnahmsweise mit unseren Leistungen zufrieden, spendierten eine Runde Eis. Das Café war leer. Die Marmortischchen standen abgeräumt und kahl. Der Kellner gähnte. Eine junge Person saß im Hintergrund, exotisch aufgeputzt mit hochgestecktem schwarzen Haarschopf, sah melancholisch auf ein weißes Pudelchen an roter Leine, das ihr zu Füßen lag und winselte. In der aufgestützten Linken hielt sie eine Zigarette, die in einer silbrig glänzenden langen Spitze stak. «Auf wen die wohl wartet?» – «Dreimal darfst du raten.» Unsere Begleiter zwinkerten sich zu. Wir verzogen uns in eine Ecke und schwatzten über unsere Angelegenheiten.

Da flog die Tür auf. Drei Männer in Trenchcoats und schwarzen Langschäftern polterten herein, ließen sich neben der Einsamen am Nachbartischchen auf die Polsterstühle fallen, streckten die Stiefelbeine von sich, bestellten Schnaps und Bier: unsere stadtbekannten Volkstribune, Robert Ley mit der unverwechselbaren krächzenden, heiser geschrieenen Stimme und dem borstigen schwarzen Oberlippenbart, der lange, magere Ernst Grohe, den sie «Gauleiter» nannten, und Richard Schaller, der massige Kreisleiter der NSDAP. Sie kamen von einer Kundgebung, schienen erschöpft. Ließen sich wie Säcke auf die Stühle fallen. Genierlich, sie zu beobachten.

Doch einmal drehten wir uns um und staunten. Die Einsame saß zwischen ihnen. Ley hatte den Arm um ihre Schultern gelegt, lachte wiehernd und klatschte auf ihren Oberschenkel. Das Pudelchen beschnüffelte die Stiefel. Otto Dix, den wir freilich noch nicht kannten, hätte die Szene gemalt haben können. Nicht im Traum dachten wir daran, daß diese Leute bald unsere Stadt regieren würden. Auf der Mauer des Rathauses stand in weißer Schmierschrift «Fort mit Adenauer». Das war der Schlachtruf der NSDAP in Köln. Im «Westdeutschen Beobachter», auf Bretterzäunen und Litfaßsäulen tauchte er auf, Sprechchöre skandierten ihn auf Kundgebungen. Doch Adenauer wirkte sicher und zäh auf seinem Oberbürgermeister-Stuhl, wie ein Mandarin im Hännesgen-Theater. Denn so ginge es – berichteten die Zeitungen – in den Versammlungen der Stadtverordneten zu. Die Braunen und die Roten tobten, brüllten, fuchtelten und beschimpften sich. «Mistvieh» – «Blödmann» – «Do Nümaatskrat!» – «Do völkische Drecksack!» Adenauer las Akten, hörte eine Zeitlang mit unbewegtem Gesicht zu, las weiter, unterbrach seine Lektüre bei wichtigen Fragen, putzte seine Brillengläser. Gelegentlich schickte er, sein Hausrecht demonstrierend, einen der ärgsten Krakeeler aus dem Saal. Die Racheschwüre der Erbosten und Beleidigten nahm noch keiner ganz ernst: «Wir kommen wieder, und dann räumen wir die Bude auf.»

An anderer Stelle traten sie harmlos, ja gutmütig auf. Zum Beispiel im Gürzenich. Ein Wohltätigkeitskonzert hatte die SA durchgesetzt in diesem vornehmsten Saal der

Stadt, wo sich die Honoratioren trafen, die großartigsten Konzerte und die elegantesten Bälle veranstaltet wurden und die teuersten Prunksitzungen zu Karneval. «Ne Skandal iss datt!» hieß es in den gehobenen Kreisen der Gesellschaft. «Die hälfe äwwer de ärm Lück!» in den weniger gehobenen. Auch Notküchen betrieben die Braunhemden, schöpften warme Suppen in bereitgehaltene Blechnäpfe. Eine Geste, die in aller Welt und zu allen Zeiten für sich wirbt.

# «Zeiten der Wirren»

Unser Lehrer aber fuhr fort, uns «höher hinauf» zu bilden. «Stefan George in Obertertia? Meinen Sie, Herr Kollege, daß Ihre Schülerinnen dafür reif sind?» Rosendahl amüsierte sich über die älteren Studienrätinnen. Sie pochten ständig auf ihre Erfahrung. Erfahrung könne man zum Teil durch Intelligenz ersetzen, habe er gesagt. Er schob den Bügel seiner Brille hoch, die gekräuselte Nase verriet sein Vergnügen über die vereisten Mienen der alten Damen.

Wir griffen das frisch geprägte Schlagwort begeistert auf, Komplizen im zähen Kampf unseres Klassenlehrers gegen die «Quisseln» (Kölner Jargon für ältliche, sittenstrenge Jungfern), die ihn mißtrauisch beobachteten, weil er zu frei, zu galant mit uns umging. Friedrich Gundolfs dicke Wälzer, blau gebunden mit einem goldenen Sonnenrad mitten auf dem Deckel, lagen auf dem Katheder, wenn er, vor den ersten Pultreihen stehend, frei dozierte. Manchmal klopfte er mit dem Trauring an den nächstbesten Pultrand, um unaufmerksame Hinterbänkler aufzuscheuchen.

Selten passierte das. Wir hörten gebannt zu, wenn er

mit leicht rauchigem Bariton Gedichte vortrug und nur knapp erläuterte. Gedichte, richtig gesprochen, auch solche von Stefan George, verstünden sich fast von selbst, behauptete er. Und so wucherten die fremdartigsten Sprachgebilde vor uns auf. Erlesene Worte, edle Gebärden, adlige Figurinen. Vom Singsang der Reime benommen, bildeten wir uns ein, den Sinn der Verse intuitiv zu erfassen, fanden es wunderbar, wenn «vor dem Mond die Glasgranaten blühen», «von Wipfeln Strahlenspuren auf uns tropfen». Wir identifizierten uns mit Edelknechten, nackten Engeln, Flötenspielern und rosenbekränzten Hirten, dem auserkorenen Personal Georgescher Gedichte, obschon dazu ein Geschlechteraustausch notwendig war, den wir fallweise, die homoerotischen Untertöne ignorierend, in träumerischer Begeisterung bewältigten.

Doch, ach, wir deklamierten auch. «Der Dischter heißt im stillern Gang der Zeit . . .»

«Nein, zum Teufel, Dichter, nicht Dischter.» Rosendahl stampfte mit dem Fuß auf. Wir übten mit zurückgezogenen Lippen und gebleckten Zähnen ein reines «ch». Das ellenlange Gedicht, das wir auswendig lernen sollten – «Der Dichter in Zeiten der Wirren» –, enthielt besonders viel Stolpersteine für kölnische Zungen. Aus «sorgt» wurde «sorrscht». Folglich hieß es: «Der Sänger aber sorrscht in Trauerläuften, daß nischt das Mark verfault, der Keim erstickt.» Und das «ew'ge Recht» erschien in der bodenständigen Aussprache als das «eefje Räscht». Der schaukelnde rheinische Tonfall tat ein Übriges. Unüberhörbar drang er durch, wo hallendes Prophetenpathos am Platz gewesen wäre. Trotz aller Mühen des

Lehrers geriet der Vortrag, eingeübt zum Elternabend in der Aula, an den Rand der Parodie.

Eltern, zu Schuldarbietungen eingeladen, sind ein dankbares Publikum. Einen antikisch nachempfundenen Reigentanz hatten sie schon hinter sich: Acht Mädchen in hemdartigen Gewändern aus lachsrosa Futterstoff, dem billigsten, den sie bei Tietz kriegen konnten, selbstentworfen, selbstgenäht, schritten barfuß, Hand in Hand auf dem knarrenden Podium hin und her. Staubwolken stiegen auf wie Opferrauch. Eine, die Klavier spielen konnte, intonierte den «Reigen der seligen Geister» von Christoph Willibald Gluck, der die Tänzerinnen zu wiegenden Armbewegungen veranlaßte und dann und wann zu kleinen Hupfern. Die paßten nicht zum Takt, doch den Eltern mochten sie anmutig erscheinen.

Nun also Stefan George. Die Zuhörer, im vorhinein ergriffen, überhörten großzügig die Mängel der Aussprache. Was dagegen bestimmt in ihrem Gedächtnis haftenblieb, war die dröhnende Botschaft vom «jung Geschlecht, . . .»

«Das aus geweihtem träumen tun und dulden/
Den einzigen der hilft den Mann gebiert./
Der sprengt die ketten fegt auf trümmerstätten/
Die ordnung geißelt die verlaufnen heim/
Ins ewige recht wo großes wiederum groß ist/
Herr wiederum herr. zucht wiederum zucht. er heftet/
Das wahre sinnbild auf das völkische banner/
Er führt durch sturm und grausige signale/
Des frührots seiner treuen schar zum werk/
Des wachen tags und pflanzt das Neue Reich.»

Elisabeth, die Klassenbeste, hatte das lange Gedicht ohne Stocken bewältigt; den letzten Vers sprach sie langsam, Wort für Wort mit gehobener Stimme wie ein Verkündungsengel.

Georges Freunde und Jünger haben stets abgestritten, daß dieses 1928 verfaßte Gedicht auf «den Führer» Adolf Hitler gemünzt war. Vielmehr sei es als Vision zu verstehen gewesen, als beschwörende Hoffnung des Dichters auf einen erst ersehnten, noch nicht erblickten rettenden Genius.

Allein, die Eltern, die es an diesem Abend in der Aula hörten, zum ersten Mal ohne Kommentar, waren verblüfft, verwirrt, empört, nur wenige begeistert. In jedem Fall glaubten sie zu wissen, wer gemeint war. Einige beschwerten sich beim Direktor, und Dr. Rosendahl hatte Mühe, das Mißverständnis aufzuklären. (Mein Vater war, zum Glück, an jenem Abend daheim geblieben.)

Zu dieser Zeit tauchte zum ersten Mal ein Hakenkreuz an unserer Schule auf. Ein winziges Ding aus Silber. Anita trug es als Anhängsel zwischen Herzchen, Kleeblättern und Würfelchen an einer dünnen silbernen Halskette.

«Das sollten Sie nicht tragen, mit Rücksicht auf unsere jüdischen Schülerinnen», sagte der Schulkaplan, der die katholischen Religionsstunden gab, halblaut. Anita schwieg. Anita schwieg immer, wenn ein Lehrer sie überraschend ansprach, um ihre Kenntnisse zu prüfen. Minutenlang stand sie stumm da, den dunklen Lockenkopf gesenkt, die Unterlippe vorgeschoben, die Arme vor der Brust gekreuzt, bis die Geduld des Lehrers erschöpft war. «Setzen. Fünf.» Die trug er in sein Notenbuch ein.

Anita lebte allein bei ihrer geschiedenen Mutter. Aus der Ursulinenschule war sie verwiesen worden wegen Widerborstigkeit. Auch bei uns galt sie als aussichtsloser Fall. Keiner fragte, warum sie so verstockt war, mit niemandem Freundschaft schloß. Und keiner ahnte, daß Anita einen Freund in der SA hatte und daß sie selbst im BDM war und einmal in der Woche in einer Kellerwohnung zehn- bis dreizehnjährige Mädchen aus dem Arbeiterviertel von Ehrenfeld um sich versammelte, mit ihnen spielte, sang und ihnen Geschichten vorlas. «Heimnachmittag» nannten sie das.

Das silberne Hakenkreuzchen trug sie nicht mehr, seit am Schwarzen Brett im Foyer der Schule ein Erlaß des Direktors hing, der das Tragen von Schmuck generell verbot. Anita legte, wenn sie heimgekommen war, die Schulkleider ab, zog einen blauen Faltenrock an, eine weiße Bluse und weiße Knöchelsöckchen, legte ein schwarzes Dreieckstuch um den Hals, schlang die Zipfel durch einen Ring aus geflochtenen Lederriemchen, schlüpfte in eine braune Kletterweste aus dickem, velourartigen Stoff und schloß die Knöpfe, die mit Ledergeflecht überzogen waren: Jungmädelführerin Anita. Die erste und bislang einzige Uniformierte in unserer Klasse.

In den Familien, im Haus, in den Läden, in den Kneipen, auf den Straßen, überall sprachen die Leute über Politik. Sie erhitzten sich, debattierten, wurden laut, schrien sich an, wenn der Name «Hitler» fiel. Schließlich spülte die Brandung in die Oberklassen der Lyzeen und Gymnasien. Die Lehrer hatten sich gedrückt, solange es ging. «Politisch Lied, ein garstig Lied, gehört nicht in die Schule.» Doch wir, gewöhnt, mit Dr. Rosendahl vertraulich zu reden, bedrängten ihn, zu sagen, was er von der nächsten Zukunft hielt und wie man sich die «Wiederge-

burt der Antike aus deutschem Geist» vorzustellen habe.
Die hochtrabende Formel aus dem Kreis der George-
Jünger hatte er einige Male zitiert.

Hitler und die Braunen konnten doch auf keinen Fall
gemeint sein. Wir wetteiferten, die Häßlichkeit Hitlers
zu beschreiben, den fiesen Schnurrbart, die Klätschfrisur,
die fleischige Nase, die scheußliche Stimme, die stocksteifen Bewegungen. «... Und Goebbels und Göring. Ein
Klumpfuß und ein Fettwanst ...!»

Die Bewunderung und Verklärung des körperlich
Schönen, die wir in der Schule und im Stadion erfahren
und betrieben hatten, war gepaart mit Abscheu vor dem
Häßlichen. Der ästhetische Widerwille gegen die Bewegung, die wir unaufhaltsam auf uns zurollen sahen, war so
stark, daß uns moralische Bedenken daneben kaum in den
Sinn kamen. Rosendahl hörte leicht nervös, aber geduldig
zu, blieb einige Augenblicke stumm, griff sich ans Kinn
und seufzte. Dann sagte er, indem er die Hände mit den
Fingerspitzen auf die vorderste Bank aufstützte und uns
lange durch seine funkelnde, doppelt geschliffene Brille
ansah: «Kinder, einer muß schließlich die Karre aus dem
Dreck ziehen.»

Karre aus dem Dreck ziehen. Leute, die das zu besorgen hatten, konnten häßlich sein. Kretins. Zukurzgekommene, zu Grobarbeit Verurteilte. Hitler, der Häßliche, als
Dreckskarrenzieher. Auch die dreckbraunen Uniformen
seiner Mannschaft paßten ins Bild der Anpacker, Aufräumer, Schwerstarbeiter. Woraus der Dreck bestand, in dem
die Karre augenblicklich steckte? Das wußte jeder. Die
Weimarer Republik mit ihrem Parteienhader, ihrem ohnmächtigen Parlament, ihren Korruptionsaffären, ihrem

wirtschaftlichen Bankrott – alles zusammen wurde täglich als ungeheuerlicher Morast dargestellt. Da mußten wir raus, egal wie. Wenn die Arbeit getan, der Augiasstall ausgemistet wäre . . . Ja, danach könne die hellere Zukunft beginnen, das «Neue Reich» gegründet werden, das Stefan George, der Dichter und Seher, verkündet hatte.

# Auf dünnem Eis

Vorläufig regierte Franz von Papen. Den «Herrenreiter» nannten sie ihn in unsrer Familie. Das klang wie eine Beschimpfung und war auch so gemeint. Von einem Mann, der dem feudalen Herrenclub in Berlin angehörte und Kavalleriemajor gewesen war im Weltkrieg, was war von so einem zu erwarten? So einer saß hoch zu Roß und verachtete natürlich die kleinen Leute. In seinem Kabinett saßen lauter Barone, lauter Monokelfatzkes. Zwar trug auf den Fotos in der Zeitung keiner von ihnen mehr die runde, ins linke Auge geklemmte Glasscheibe, die das Gesicht so grotesk verzerrte und hoffärtig erscheinen ließ. Aber die Vorstellung, daß Papen und seine Minister in monokeltragenden Kreisen verkehrten, genügte zum abgründigen Haß, zum Mißtrauen gegen die ganze Regierung.

Trotzdem wurde ich aus den Tiraden meines Vaters nicht klug, begriff seine besondere Verbitterung gegen Papen nicht. Was er ihm vorwarf – ein Erzreaktionär zu sein –, behauptete er auch von Hindenburg und seinem Sohn, dem Oskar, auch von Schleicher, dem glatzköpfigen Wehrminister, und auch von Heinrich Brüning, dem Notverordnungs-Kanzler mit dem schwermütigen Kaplansgesicht, obwohl der doch gerade von Hindenburg «in die Wüste gejagt» worden war.

Papen mußte Schlimmeres verbrochen haben. Das rätselhafte Wort «Preußenschlag» spukte durch die Gespräche bis in die Skatabende hinein. Wer konnte mitten im Frieden die Preußen geschlagen haben? Und was gingen uns die Preußen an? Viel später begriff ich, daß der Vater, vorgestimmt durch seine ständige Existenzangst, die Flammenschrift an der Wand erkannte, die andere nicht sehen wollten.

Der «Schlag» war gegen die preußische Landesregierung in Berlin geführt worden. Und das war die letzte Bastion der Sozialdemokraten gewesen. Ministerpräsident Otto Braun und Innenminister Heinrich Severing regierten gegen die Mehrheit der Nazis an, konnten Krawalle und blutige Straßenschlachten aber nicht mehr verhindern. In einem Staatsstreich, im Einverständnis mit Hindenburg, hatte Papen ihren Rücktritt erzwungen und eine kommissarische Landesregierung eingesetzt – «alles Erz-Konservative».

«Da hätten sie marschieren müssen, das Reichsbanner – wozu war es denn gut – und die ganze Polizei! Severing hatte sie noch in der Hand. Den Generalstreik hätten sie ausrufen müssen!» Mein Vater, der kleine, erfolglose, emsig politisierende Autoöl-Vertreter, geriet in Rage wie ein Generalfeldmarschall, der zu erklären versucht, warum und durch wessen Schuld eine alles entscheidende Schlacht verlorengegangen war. «Wir weichen der Gewalt», habe Severing gesagt. Und das sei der ganze Protest der SPD gewesen, aus Angst vor Blutvergießen. Als ob die Nazis davor je zurückscheuten! Und jetzt sei die Weimarer Republik nicht mehr zu retten. Sie sei am Ende. Nein, er sagte nicht: am Ende. Er drückte sich derber aus. Er sagte: «Am Arsch.»

Warum eigentlich «Weimarer Republik»? Über Weimar wußten wir nur, daß dort Goethe als Minister eines kleinen Fürstentums, protegiert von seinem Freund, dem Herzog Karl August, gelebt, geliebt und gedichtet hatte und daß sein Ruhm von dort aus in alle Welt gedrungen war und viele Geistesgrößen nach Weimar gezogen hatte. «Ein Kaff», sagte der Lehrer. Aber durch Goethes Wirken geadelt, Mittelpunkt eines geistigen Kosmos, damals – vor hundert Jahren.

Der Lehrer versprach, mit uns nach Weimar zu fahren. «Vielleicht in ein, zwei Jahren, wenn alles bessergeht.» Auf jeden Fall vor dem Abitur. Wir würden das Städtchen und seine schöne Umgebung sehen, Goethes prächtiges Haus am Frauenplan besichtigen, den Park mit seinem idyllischen Gartenhäuschen, die Fürstengruft, wo Goethe und Schiller begraben seien, und den Park von Tiefurt . . . und . . . und . . .

Weimar tauchte vor uns auf wie mit dem Silberstift gezeichnet, mythisch umduftetes Fernziel im Alltag unserer Großstadt mit ihrem Krach und ihrem Gestank, mit ihren marschierenden Kolonnen auf der Straße und geängstigten Betern in der Kirche und Marlene Dietrichs meterhohen Seidenbeinen auf den Kinoplakaten. «Die blonde Venus», eben aus Amerika importiert, erregte viele Gemüter mehr als die nächste Reichtagswahl, die dritte in diesem Jahr.

Lockendes Fernziel Weimar. Doch unglaubhaft wie ein Märchen erschien es uns, daß jene Dichterfürsten-Idylle irgend etwas zu tun haben sollte mit dem Staat, in dem wir gegenwärtig lebten, der alle Tage beschimpft und verächtlich gemacht wurde und vor unseren Augen und Ohren zugrunde ging. Man hatte uns flüchtig erklärt, warum die Gründer dieser Republik ihre erste Nationalversammlung nach dem Zusammenbruch des Kaiserreichs in Weimar abhielten: Die Wahl des Ortes war als Bekenntnis zum friedlichen kosmopolitischen Deutschland im Sinne Goethes gedacht und in Gegensatz zum militanten Kaiserreich, das aus dem «Geist von Potsdam» hervorgegangen war. Sporenklirrend, Hacken zusammenknallend. Doch die Symbolik des Gründungsortes war längst vergessen, abgetan. Wer jetzt vom «Weimarer Staat» sprach, im Guten oder Bösen, dachte nicht an Goethe, obwohl sein 100. Todesjahr immer noch fleißig gefeiert wurde.

Die letzten Monate dieses Jahres und dieses Staates jagten dahin, getrieben von Ängsten und Hoffnungen. Von Papen ging, von Schleicher kam, der General mit dem blanken, wie polierten Schädel und dem ominösen Namen. Er war den Linken zu rechts und den Rechten zu links, wollte Hitlers Kanzlerschaft verhindern und trieb sie gegen seinen Willen voran. Wohl hieß es in der «Rheinischen Zeitung», Hitler, der «Trommler», sei pleite, die Kasse der Partei von Propagandafeldzügen erschöpft, das Ergebnis der letzten Reichtagswahl niederschmetternd für die Nazis. Denn die Zahl der Wähler war nach jähem Aufstieg drastisch geschrumpft. Also noch eine Galgenfrist für die Weimarer Republik?

Feuchtkalte Rheinluft zog durch die Innenstadt, fegte um den Dom, riß Hüte fort, stülpte Schirme hoch, trieb die Leute in den Schutz der Hohen Straße. Da baumelten

Stanniolsterne und glitzernde Pappengel über ihren Köpfen, eine Drehorgel wimmerte «Stille Nacht, heilige Nacht». Dünner und langsamer als sonst floß der Strom der Passanten durch die Straßenschlucht, zwischen festlich erleuchteten Schaufenstern. Die meisten blieben mit Kind und Kegel davor stehen; in die Läden mit den teuren Auslagen traute sich keiner hinein. Straßenhändler ließen hölzerne Püppchen am Boden zappeln, die sie selbst gebastelt hatten. Sie verkauften das eine oder andere Stück, verbeugten sich und dankten überschwenglich. Der Dom war voll. Arme und Fromme blickten in das Geflimmer der Kerzen, sogen den süßen Weihrauchduft ein, hörten das Dröhnen der Glocken. Das mochte trösten. Alle Predigten, Weihnachtsbotschaften und Weihnachtsansprachen befaßten sich mit der Not, der Armut, der Arbeitslosigkeit.

Ich hätte mir Schlittschuhe gewünscht. Die halbe Klasse lief neuerdings Schlittschuh. Aber warum erst wünschen, was nicht zu haben war? Marie, die gutmütige Hauswirtstochter, lieh mir ihr altmodisches, ziemlich verrostetes Paar. Ich bearbeitete es mit Schmirgel und Singers Nähmaschinenöl. Fehlten die Schuhe. Ich besaß keine Stiefel, Halbschuhe taugten nichts auf dem Eis. Im hintersten Winkel unseres Schuhschranks überwinterte ein Paar zierliche Damenstiefel. Sie stammten aus Mutters Internatszeit und wurden von ihr als Andenken gehütet. Sie hatten unzählige Schnürlöcher und die Farbe von Entenfüßen und paßten nur knapp. Ausgerüstet mit diesen Dingern und den entrosteten Schlittschuhen, bekleidet mit einem schlotternden Trainingsanzug und einer dunkelroten Strickjacke, die an den Ellbogen ein paar Mal gestopft war, zog ich aufs Eis auf dem Stadtwaldweiher.

Stefanie wohnte am Rand des Stadtwalds in einer Villa mit Vater und Hund. Die Mutter? «Och, die iss mal wieder im Sanatorium.» Da war sie wohl oft oder immer. Wir bekamen sie nie zu sehen. Stefanie, die Fabrikantentochter, langweilte sich und lud uns, ein halbes Dutzend aus der Klasse, regelmäßig ein. Wir räkelten uns in den üppigen Polstersesseln vor dem Kamin und wärmten uns auf. Das Dienstmädchen brachte Kakao oder Tee oder «was ihr wollt. Ist ja alles da.»

Stefanies Vater kam spät nachmittags aus seiner Fabrik, in der Matratzen genäht wurden. Der Kies im Vorgarten knirschte unter seinen Schuhen. Die Schäferhündin Alexa begrüßte ihn jaulend, er spielte mit ihr, warf Stöcke und ließ sie danach rennen. Wenn er in die Diele trat, sagte er mit zusammengezogenen Augenbrauen: «Tach. Laßt euch nicht stören.» Und verschwand. Später kam er aus seinem Kontor, zog wortlos eine Tafel Gala-Peter-Schokolade aus seinem dunkelgelben Kittel, den er immer im Haus trug, und legte sie vor uns auf den Clubtisch. «Er ist nicht so streng, wie er aussieht», sagte Stefanie. «Aber er hat Sorgen. Mit der Fabrik. Und außerdem arbeitet er jetzt für die Partei.» Der Vater meinte, so Stefanie, Hitler müsse unbedingt ran. Sonst gingen sie alle kaputt, die Unternehmer, die selbständigen Fabrikanten.

Ein Gerücht lief um in Köln. Hitler sei wieder zu Geld gekommen. Ein Bankier namens von Schröder habe ihm welches besorgt. Papen habe die beiden zusammengebracht. Sie seien im Morgengrauen vorgefahren in Lindenthal und im Haus des Bankiers verschwunden. Alles hätte heimlich gehen sollen. Aber einer von der Zeitung, einer aus Berlin, sei dagewesen, und der hätte alles mitgekriegt und verraten. Der Vater zitierte Schiller: «Franz heißt die Canaille.» Das Haus des Bankiers von Schröder, den die Kölner bis dahin kaum vom Namen her kannten, ging in die Geschichte ein.

Der 30. Januar 1933 war mild. Flaue Luft drang bis in den Stadtwald. Nebelfetzen lagerten zwischen den Sträuchern. Schneepfützen, mit Rußpartikeln gesprenkelt, zehrten sich langsam auf. Die graue Eisschicht auf dem Weiher taute; am Ufer schwappte das Wasser über die Ränder.

Stefanie und ich waren die letzten auf dem Eis. Der Dunst, der von der tauenden Fläche hochstieg, hüllte uns ein. Unter unseren Schlittschuhen spritzte das Wasser. Ich fror, meine Stiefel hatten sich vollgesogen. Sie paßten schlecht, rutschten halb aus der Verklammerung, ich knickte um, die Gelenke taten weh, das Eiswasser drang durch Ösen und Nähte, zog hoch in die Hosenbeine, die ich in die Schuhe gestopft hatte. Auch durch die dunkelrote Strickjacke drang die Kälte. Die Stopfstellen an den Ellbogen waren hart geworden und scheuerten. Mühselig latschte ich neben Stefanie her. Alles an ihr war neu, die Schlittschuhe, die rotledernen Stiefel, die elegante enge schwarze Hose, der rote Rollkragenpullover. Ich war dicht dran zu heulen.

«Haste schlechte Laune?» Stefanie fuhr einen Halbmond und blieb vor mir stehen.

«Nö, eigentlich nicht. Oder doch.»

«Und warum?»

«Och. Weil's bei uns mies geht und mies bleibt, zu Hause, mein ich. Immer dasselbe Lied. Kein Geld da. Für

233

dies nicht und für das nicht. Immer Schulden. Sie überlegen mal wieder, ob ich auf der Schule bleiben kann.»

«Mensch, du? Bist doch Rosendahls Liebling. Kriegst doch die besten Zensuren. Und bestimmt wieder 'ne Freistelle.»

«Hat damit nichts zu tun. Ich muß mitverdienen, wenn mein Vater wieder arbeitslos wird . . . Es ist nah dran . . . hat er gesagt.»

«Quatsch», sagte Stefanie laut und hell und gab mir einen Knuff zwischen die Schultern. «Hast du nicht gehört, der Hitler kommt ran. Die Juden müssen raus. Die sind unser Unglück, sagt mein Vater. Der Hitler schickt sie nach Palästina, wo sie hingehören, und dann wird alles besser.»

«Blödsinn», dachte ich. Tante Meta fiel mir ein, daß sie wohl auch solch gelbe Schuhe getragen hatte im Pensionat wie meine Mutter, solche, wie ich sie jetzt trug. Und daß die beiden Freundinnen sich wie Zwillinge gefühlt hatten. Wieso sollte Tante Meta an unserem Unglück schuld sein?

Aber ich antwortete nicht, stand in meinen nassen Schuhen da, Füße wie Eisklumpen. Stefanie war weg. Die Worte «alles besser» irrlichterten in meinem Kopf. Langsam, stolpernd, glitschend, fuhr ich an den Rand des Weihers. Das Eis war mürb geworden, aus Ritzen und Spalten quoll Wasser, ich mußte springen, um an Land zu kommen.

An diesem Tag kam Hitler ran.

# Epilog

Ich blieb auf der Schule, der Vater behielt seinen Vertreterposten. Die Redensart, daß nun «alles besser» werde, griff um sich. Viele glaubten daran, doch auch viele, besonders die Alten, runzelten die Stirn. Sie sahen die nächste Zukunft als Schlucht, als Tunnel vor sich – finster, kein Ende abzusehen.

Was meinte unser Geschichtslehrer – der seit je zu dunkel philosophierenden Monologen neigte –, als er, auf seinen kräftigen, kurzen Beinen zwischen den Pultreihen hin und her stapfend, uns den Unterschied zwischen «Vitalität» und «Brutalität» zu erklären versuchte? Mir nichts, dir nichts, ohne Zusammenhang mit dem Thema des Unterrichts, das er gerade noch behandelte. An dieses Thema erinnere ich mich nicht, aber an die skeptische Antwort, die er sich auf die selbstgestellte Frage gab. Sie klang in unseren Ohren wie ein Spruch der Pythia. Er kniff die Unterlippe ein, starrte auf seine Schuhspitzen und murmelte: «Eins geht schnell ins andre über.»

Warnungen, Kritik, Empörung. Wir ahnten, daß die Alten recht hatten, wenigstens in einzelnen Fällen. Zum Beispiel, als ein Dutzend SA-Männer während einer Fidelio-Aufführung in die Oper eingedrungen war, um den jüdischen Dirigenten zu provozieren. «Schenka raus», brüllten sie im Chor, brüllten, bis der Sänger des Fidelio auf der Bühne vortrat, die gefesselten Hände rang und in Beethovens Namen die Weihe des Hauses beschwor. Oder als die Frauen, Mütter, Tanten, Großmütter bleich vor Angst nach Hause kamen, weil sie aus dem Hinterhalt heraus fotografiert worden waren nach ihrem Einkauf bei Leonhardt Tietz in der Neußer Straße. Zwei SA-Männer hatten sich vor dem Kaufhaus aufgepflanzt und hielten Schilder an Stangen hoch, auf denen stand: «Kauft nicht beim Juden!» Die Frauen hatten sie nicht ernst genommen.

Dann der kurze Anruf von Tante Meta, Mutters jüdischer Freundin: «Wiedersehen Fanny, wir reisen ab.»

«Wohin denn, um Gottes willen?»

«Fort, fort, nur fort von hier. Nach Brasilien, wenn du's genau wissen willst. Wiedersehen, laßt's euch gutgehen!»

Böse Nachrichten. Erste Schrecken. Sie fuhren in die Glieder wie kleine elektrische Schläge. Aber das Leben lag vor uns, unser Leben, unser einziges Leben. Wir fühlten uns stark, würden uns durchtasten, durchwühlen durch das Neue, Verwirrende, das die Alten fürchteten, die Stirnrunzler, die Neinsager, die ewigen Pessimisten. Hatten sie nicht jahraus jahrein die schlimmen Zustände in der Republik beklagt, egal unter welcher Regierung? Hatte der Vater nicht ständig irgendwelche Katastrophen prophezeit, uns mit seiner Schwarzseherei bedrückt und dabei seine eigene Chance verpaßt?

Der Widerspruchsgeist, wie er für Fünfzehnjährige typisch ist und in vielen Stücken gegen die Eltern rebelliert –

gegen ihre Grundsätze und ihren Geschmack, gegen ihr Benehmen und ihre Liebhabereien –, kehrte sich damals vor allem gegen ihre politischen Ansichten, die uns allmählich, langsam, aber unverkennbar «rückständig» erschienen. Sprachen die Alten doch immer noch von «oben» und «unten», «rechts» und «links», von «feinen Familien» und «uns kleinen Leuten». Wie unter Schicksalszwang fühlten sie sich dieser oder jener Gruppe zugehörig, während ihre Söhne und Töchter, fahnenumrauscht, längst einhellig als «Jugend unseres Volkes» hofiert wurden.

Es gab die Nichtverführbaren, die sich frei hielten vom hochgemuten Wir-Gefühl. Zum Teil lag es darin begründet, daß sie durch Herkunft und Erziehung von vornherein ausgeschlossen waren. Die schüchterne Rechtsanwaltstochter, bereit, in den BDM einzutreten, die beim Stöbern im Schreibtisch ihres Vaters entdeckte, daß die Eltern, katholisch getauft wie sie selbst, Juden waren. Man brachte sie in eine Nervenklinik. Sie kam nicht zurück. «Arme Jenny», sagte der Klassenlehrer.

Wir wußten nicht – oder wollten es nicht wissen –, was mit dem Wort «arm» alles gemeint sein könnte. Störrisch blieb die Tochter des Zentrumsabgeordneten gegen alle Appelle, in die große Vaterlandsbegeisterung mit einzustimmen, die viele ergriffen hatte, auch wenn sie Hitler widerwärtig fanden. Ihr Vater war den Nazis wegen seiner scharfen, kämpferischen Reden verhaßt und ständig bedroht.

Die Jüngste der Klasse gehörte der Marianischen Jungfrauenkongregation an. Natürlich lachten wir über den Namen, machten rüde Witze. Sie wurde rot und blieb unerschütterlich freundlich, eingesponnen in ihre inbrünstige Frömmigkeit, immun gegen Kritik an ihrem Glauben; Zweifel an der Gültigkeit christkatholischer Moral fochten sie nicht an. Daß sie unter Tendenzen unseres Deutschunterrichts, die sie für «heidnisch» hielt, gelitten hatte wie unter körperlichen Schmerzen, erfuhren wir später.

Was war mit mir los? Auf nationalen Feiern, die jetzt reichlich oft in der Aula abgehalten wurden, war ich «unangenehm aufgefallen». Ich hatte beim Deutschlandlied nicht, wie angeordnet, den rechten Arm erhoben, hatte auch das Horst-Wessel-Lied nicht mitgesungen. Beides war beobachtet und dem Klassenlehrer gemeldet worden. In geduldigen Privataudienzen nach Schulschluß suchte er mich davon zu überzeugen, daß solche Trotzreaktionen – er nannte sie kindisch – sinn- und zwecklos seien und nur mir selbst und der Schule schadeten. «Spüren Sie nicht im tiefsten Innern, daß die alten politischen Ideen überholt sind? Der Marxismus zum Beispiel? Mag ja sein, daß Ihr Vater ihm noch anhängt. Aber was kann Ihnen diese blutleere Theorie vom Weltkommunismus noch bedeuten? Sie lieben die deutsche Dichtung, die deutsche Sprache. Denken Sie an Goethe, Hölderlin, Eichendorff, George.» Er faßte meine Schulter und schüttelte sie sanft und sah mich eindringlich mit seinen wasserblauen Augen durch die doppelt geschliffenen Brillengläser an. «Wir müssen diesen Weg mitgehen, Helene. Den Weg der Bewegung, die das Deutsche, die unser eigenes Wesen wieder zur Geltung bringt. Im Augenblick sieht alles barbarisch aus, das gebe ich zu. Aber später ... vielleicht schon bald, wenn wir durchhalten ...» Ich kannte sein Motto: «Wo gehobelt wird, da fallen Späne.»

Ich schwieg, heulte ein bißchen vor Erschöpfung und Verwirrung. Und hob fortan den rechten Arm beim Deutschlandlied.

Der erste Schritt zur Anpassung war getan. Was folgte, ist in Bildern und Szenen, die sich in der Erinnerung des Kindes eingeprägt und ausgeformt haben, nicht mehr zu fassen. Die Schilderung der doppelbödigen Existenz im Dritten Reich – als Journalistin – erfordert Abstand, ein neues Kapitel.